Konrad Gorges

Ueber Stil und Ausdruck einiger altfranzösischen

Prosaübersetzungen

Konrad Gorges

Ueber Stil und Ausdruck einiger altfranzösischen Prosaübersetzungen

ISBN/EAN: 9783743488038

Hergestellt in Europa, USA, Kanada, Australien, Japan

Cover: Foto ©Paul-Georg Meister /pixelio.de

Manufactured and distributed by brebook publishing software
(www.brebook.com)

Konrad Gorges

Ueber Stil und Ausdruck einiger altfranzösischen

Prosaübersetzungen

UEBER
STIL UND AUSDRUCK
EINIGER ALTFRANZÖSISCHEN
PROSAÜBERSETZUNGEN.

INAUGURAL-DISSERTATION

VERFASST UND

DER PHILOSOPHISCHEN FACULTÄT

DER VEREINIGTEN

FRIEDRICHS-UNIVERSITÄT HALLE-WITTENBERG

ZUR

ERLANGUNG DER DOCTORWÜRDE

VORGELEGT

VON

KONRAD GORGES

AUS KLEIN SANTERSLEBEN.

HALLE.
DRUCK VON E. KARRAS.
1882.

Meinen lieben Geschwistern

in Dankbarkeit gewidmet.

Der Verfasser.

Die Denkmäler, worauf sich diese Untersuchung erstreckt, sind drei verschiedenen Dialekten der altfranzösischen Sprache angehörig, dem Normannischen, von welchem als älteste Prosaübersetzungen zwei Uebersetzungen der Psalmen, die sogenannten Oxforder und Cambridger Psalter, und die vier Bücher der Könige auf uns gekommen sind, dem Wallonischen, wovon wir als älteste Prosaübersetzung die Uebersetzung der Dialoge Gregor's des Grossen besitzen, und dem Lothringischen, von dem uns die Uebersetzungen der Predigten über Ezechiel von Gregor dem Grossen und der Predigten des hl. Bernhard und die Uebersetzung der Psalmen erhalten sind.

Es ist bekannt, dass sich die altfranzösischen Mundarten lautlich vielfach unterscheiden, und man ist darauf bedacht gewesen, diese Unterschiede genauer zu untersuchen und festzustellen. Es ist zu vermuthen, dass in den verschiedenen Dialekten auch Unterschiede im Wortgebrauch und Wortschatz vorhanden sind. Man hat auf solche Unterschiede noch nicht aufmerksam gemacht. Zu einer Untersuchung hierüber sind unsere Prosaübersetzungen als Uebersetzungen aus einer und derselben Sprache, dem Lateininischen, sehr geeignet, da einerseits durch Vergleichung mit dem lateinischen Texte die Bedeutung der altfranzösischen Wörter genau zu erkennen ist, andererseits die verschiedenen Uebersetzungen derselben lateinischen Wörter in den verschiedenen Denkmälern auf etwaige dialektische Unterschiede führen müssen. Je enger sich eine Uebersetzung an den lateinischen Text anschliesst, um so brauchbarer wird sie für eine solche Untersuchung sein.

Es ist die Aufgabe dieser Abhandlung, die oben angeführten sieben Denkmäler auf die Art der Uebersetzung und auf Unterschiede im Wortgebrauch und Wortschatz zu untersuchen. Ich werde zu diesem Zwecke vornehmlich die ersten dreissig Psalmen vom Oxforder und Cambridger Psalter, das erste Buch der Könige, die ersten zwei Bücher der Dialoge Gregor's, die ersten drei Predigten Gregor's über Ezechiel, die Predigten des hl. Bernhard und die ersten dreissig Psalmen des lothringischen Psalters einer eingehenderen Prüfung unterziehen.

I. Stil.

Der **Oxforder Psalter** wird trotz gewisser anglonormannischen Züge seiner Sprache für ein Denkmal frankonormannischer Mundart gehalten und stammt seiner Sprache nach aus der ersten Hälfte des 12. Jahrhunderts (vgl. Suchier Zeitschrift I 569), auch wenn die Handschrift selbst nicht vor 1150 geschrieben sein sollte. Er ist eine wortgetreue Uebersetzung der Vulgata. Nur selten ist ein Wort wie *si* oder *le* hinzugefügt, wo im lateinischen Texte kein entsprechendes dafür steht, oder wo er statt „eum" einmal das damit bezeichnete Substantivum „Deum" setzt. Es bietet daher diese Uebersetzung weder für die Phraseologie noch für die Syntax eine zuverlässige Quelle, umsomehr aber für die Bedeutung der altfranzösischen Wörter, die jedesmal durch das lateinische Wort fixirt ist. — In den ersten dreissig Psalmen ist eine Stelle vom französischen Uebersetzer falsch übersetzt. Es heisst Ps. XVIII v. 2 in der Vulgata: Dies diei eructat verbum et nox nocti indicat scientiam. Dies ist übersetzt mit: *li jurz del jurn forsmet parole e nuit a nuit demustret science.* Wir haben hier offenbar das diei der Vulgata als einen Dativus aufzufassen; schon das folgende nox nocti weist darauf hin. De Wette übersetzt diese Stelle nach dem Urtext: „Ein Tag spricht zum an-

deren die Rede". Die französische Uebersetzung giebt den
Sinn dieser Stelle nicht wieder und ist hier überhaupt un-
verständlich.

Die sklavische Uebersetzung, wie wir sie im Oxf. Psalter
vor uns haben, legt die Vermuthung nahe, dass dieselbe
ursprünglich Interlinearübersetzung war. Das Hauptkrite-
rium wird hierbei die Wortstellung sein müssen, da alle
anderen Eigenthümlichkeiten · einer Interlinearübersetzung
auch bei anderen wortgetreuen Uebersetzungen statt haben
können. Nur eine dieser letzteren sei hier angeführt, nämlich die so häufige Anwendung des pron. pers. abs. *„de lui"*
und *„de els"* für das pron. poss., wo in der lateinischen
Uebersetzung ejus oder eorum steht. Es findet dies an
folgenden Stellen statt:

I 2. II 3. IX 5, 7, 12, 16, 26, 39, 40, 41. X 5, 7.
XIII 5, 6, 7, 10. XIV 5. XV 4. XVI 11, 15. XVII
10, 13. XVIII 4, 7. XX 10. XXI 30. XXIII 1, 3.
XXV 10. XXVII 6. XXIX 5.

Es ist aber auch mit *sun* resp. *lur* übersetzt und zwar
an folgenden Stellen:

I 2, 4. II 2, 6, 13. V 10, 12. IX 11. X 4, 8. XV 2.
XVII 14, 17, 33, 54. XX 2, 3. XXIV 11, 14, 15.
XXVI 8. XXVII 5, 6. XXIX 4, 5. XXX 30.

Auch im Cambr. Psalter finden wir diesen Gebrauch
von *de lui* und *de els* abwechselnd mit dem pron. poss. für
das lat. ejus und eorum. In unseren fünf anderen Denkmälern finden wir es dagegen nicht. — Das pron. poss.
„suus" der vers. hebr., mag es vor oder nach dem Substantivum stehen, zu dem es gehört, ist im Oxf. Psalter stets
mit *sun* resp. *lur* und nie mit *de lui* resp. *de els* ausgedrückt. — Hieraus ist zu schliessen, dass, um das possessive
Verhältniss auszudrücken, es im Dialekte des Uebersetzers
wohl erlaubt (es findet sich z. b. im Compotus und bei Froissart),
aber nicht gerade sehr üblich war, dasselbe mit *de lui* resp.
de els wiederzugeben, und die sehr häufige Anwendung desselben damit zu erklären, dass der Uebersetzer bemüht war,
sich dem lateinischen Texte möglichst genau anzuschliessen.
— Das eigentlich Charakteristische einer Interlinearüber-

setzung ist die dem übersetzten Texte analoge Wortfolge. Ich werde im Folgenden dieselbe in Bezug hierauf prüfen und der Reihe nach die Stellung des Subjects, Objects, Praedicats, Attributs und der adverbialen Bestimmung untersuchen.

I. Stellung des Subjects.

1. Steht das Subject in dem lateinischen Texte vor dem Verbum, so steht es auch in der französischen Uebersetzung immer vor dem Verbum.

2. Steht das Subject in der Vulgata nach dem Verbum, so steht es

a) doch vor dem Verbum an folgenden Stellen:

I 5, 7. II 2. IV 1, 4. V 7, 10. VI 2.

b) nach dem Verbum 'an folgenden Stellen:

I 5. V 5, 11. VI 7, 8. 9. VII 5. VIII 2. IX 7, 9, 15, 16, 17, 24, 26, 27, 38, 39, 41, 42. XI 1, 2. XIII 1, 5, 11. XIV 5. XV 3, 7, 9. XVI 4, 5, 6, 15. XVII 5, 6, 9, 10, 17, 21, 23, 40. XX 1. XXI 4, 16, 17, 28, 29, 34. XXIII 7. XXVI 3, 13, 18. XXVII 10. XXVIII 9. XXIX 6, 13. XXX 11, 13, 30.

Wäre die Stellung des Subjects vor dem Verbum ebenso gebräuchlich, wie nach dem Verbum gewesen, so bleibt unerklärlich, dass das Subject nur dann hinter das Verbum gesetzt wird, wenn es im lateinischen Texte dort steht, dass das Subject aber vor das Verbum gestellt ist, wenn es im lat. Texte vor dem Verbum und auch bisweilen, wenn es hinter demselben steht. Hieraus erhellt, dass die Stellung des Subjects vor das Verbum im Dialekte des Uebersetzers die üblichere war (schon im Roland bemerkt Morf Boehmer's Studien III die Tendenz des norm. Dialektes, das Subject im asserirenden Hauptsatz voranzustellen 57%, : 43%,). Hat der Uebersetzer das Subject, welches in der Vulgata nach dem Verbum steht, auch hinter das Verbum gestellt, so hat er dies oft der lateinischen Wortfolge zu Liebe gethan.

II. Stellung des Objects.

1. Ist das Object ein Pronomen, so steht es,

a) wenn es im lat. Texte vor dem Verbum steht, als pron. pers. conj. immer vor dem Verbum. Nur beim Imperativ findet eine Ausnahme statt.

b) wenn es in der Vulgata nach dem Verbum steht, so steht es

α) als pron. pers. conj. doch vor dem Verbum an folgenden Stellen:

II 4, 5, 7, 9. III 1, 4, 5. IV 1, 4, 6. VI 1. VIII 6. IX 32, 33. 37. XVI 7, 10. XVII 45, 46. XX 6, 9. XXI 4. XXIII 2. XXVII 7. XXVIII 6. XXIX 14. XXX 2.

β) als pron. pers. abs. nach dem Verbum an folgenden Stellen:

V 12, 15. VII 13, 16. VIII 5. IX 14, 33. XI 8. XII 1, 5. XVI 12, 13. XVII, 1, 5, 6, 16, 19, 20, 22, 26, 35, 38, 39, 41, 46, 47, 52. XIX 1. XX 2, 12. XXI 4, 7, 8, 9, 12, 16, 17, 19, 23, 24, 25, 26. XXII 1, 2, 3, 6, 8. XXIII 2. XXIV 2, 22. XXV 12. XXVI 4, 9, 10, 13, 16. XXVII 7, 12. XXIX 1, 2, 3. XXX 4, 5, 10, 15, 20, 25, 26.

Ist das Verbum im Französischen reflexiv, während es dieses im Lateinischen nicht ist, so steht in unserm Psalter das Pronomen vor dem Verbum. Ausnahme macht nur V 13, wo für laetentur steht: *esledecent sei.*

Aus letzterem wie aus 1. a. ist die Neigung zu erkennen, das Pronomen vor das Verbum zu stellen (Morf konstatirt im Roland, dass die gewöhnliche Stelle der tonlosen Partikeln im asserirenden Satz wie im Neufranzösischen diejenige unmittelbar vor dem Verbum ist). Steht dasselbe nach 1. b. β. doch hinter dem Verbum, so ist diese Stellung des Pronomens oft durch die Wortfolge des lateinischen Textes veranlasst.

2. Ist das Object ein Substantivum, so steht dasselbe,

a) wenn es im lateinischen Texte nach dem Verbum steht, auch im Oxf. Psalter immer nach dem Verbum.

b) wenn es in der Vulgata vor dem Verbum steht, so steht es doch nach dem Verbum nur an zwei Stellen: I 3. XXIV 9.

Es steht vor dem Verbum an folgenden Stellen:

III 7. V 1, 7. VI 6. VII 5, 16. VIII 7. IX 6, 17. X 8. XI 2, 4. XIII 7. XIV 4, 5. XV 1. XVII 16, 25, 30. XIX 4. XX 4, 10. XXI 27. XXII 2. XXIV 4, 7. XXVI 13, 17. XXVIII 9, 10. XXX 17, 30.

Ist ein substantivisches Objekt mit im lat. Verbum enthalten, so steht es in der franz. Uebersetzung nach den Verbum. Eine Ausnahme findet nur VI 2. statt, wo für miserere: merci aies steht. Sonst heisst es immer aies merci (IV 2. IX 13 etc.)

Hieraus ist zu schliessen, dass das Object als Substantivum zumeist die Stellung hinter dem Verbum einzunehmen pflegt (Le Coultre konstatirt im Chevalier au lion die Nachstellung des Objects in 62% der Fälle), und dass die Stellung des Objekts vor das Verbum oft durch die Stellung des entsprechenden lat. Objects vor dem Verbum veranlasst ist.

Das entferntere Object nimmt in der franz. Uebersetzung immer die Stelle ein, die das entsprechende lat. Wort der Vulgata einnimmt.

III. Stellung des Praedicats.

Die Stellung des einfachen Verbums bleibt hier unberücksichtigt.

1. Stellung des Participiums zum Hülfsverbum.

a) Steht in der Vulgata das Participium hinter dem Hülfsverbum, so steht es auch immer im Psalter dahinter.

b) Steht in der Vulgata das Participium vor dem Hülfsververbum, so steht es

α) hinter dem Hülfsverbum an folgenden Stellen:

I 3. II 6. III 1. IV 8. VI 2. VII 13. XII 5. XIV 5. XVII 9, 10, 49. XIX 9. XXI 9. XXIV 20. XXV 11. XXVI 4. XXIX 9. XXX 13, 14, 15, 28.

β) vor dem Hülfsverbum an folgenden Stellen:

IV 7. VI 3, 7. VIII 2. IX 9, 15, 16, 17, 38. XI 1. XIII 2.

XV 3. XVI 15, 16. XVII 9. XXI 14, 15. XXV 1, 10.
XXVII 9. XXIX 13. XXX 11, 13, 16.

Nach Morf ist im Roland die Stellung des Participium
nach dem Hülfsverbum im asserirenden Hauptsatze die gewöhnliche, etwa 80%, und bei den anderen 20% steht
das Participium immer an der Spitze des Satzes. Dasselbe
können wir im Oxforder Psalter nachweisen und zwar mit
Hülfe der Stellen, wo im lat. Texte ein einfaches Verbum,
in der franz. Uebersetzung ein Hülfsverbum mit dem Participium steht.

1) Das Participium steht vor dem Hülfsverbum an folgenden Stellen:

VII 10. IX 17, 24, 27. XXI 34.

An diesen Stellen steht das Participium mit Ausnahme
von IX 24, wo demselben noch ein *quar* vorhergeht,
immer an der Spitze des Satzes.

2) In den meisten Fällen steht aber das Participium hinter
dem Hülfsverbum und zwar an folgenden Stellen:

VII 6. IX 18, 20, 23, 24, 28, 39. XII 3. XIV 7. XV 8.
XVI 6, 17. XVII 32, 50. XVIII 3, 14. XIX 5. XX 7, 8, 13.
XXI 29. XXIII 7. XXIV 2. XXV 1. XXVI 20. XXVII 1.
XXIX 7, 15. XXX 1, 11, 20, 21, 30.

2. Stellung des Adjectivums zum Verbum.

a) Steht das Adjectivum in der Vulgata nach dem Verbum,
so steht es auch im Oxforder Psalter nach dem Verbum.

b) Steht das Adjectivum im lat. Texte vor dem Verbum, so
steht es im Psalter

α) nach dem Verbum an folgenden Stellen:

V 10. VI 2. VIII 5. XVII 4, 9. 28. XVIII 14. XIX 3.

β) vor dem Verbum an folgenden Stellen:

VI 4, 5. VII 1, 2, 11. VIII 1. IX 26, 29. XI 1. XIII 4, 5, 6.
XVI 8. XVII 22, 30, 45. XVIII 14. XIX 6, 10. XXI 5, 8.
XXVII 12. XXX 3, 20, 21.

3. Stellung des praedicativen Substantivums zum
Verbum.

a) Steht das praedic. Subst. in der Vulgata nach dem Verbum, so steht es auch im Psalter nach dem Verbum.

b) Steht dasselbe vor dem Verbum in der Vulgata, so steht
es im Psalter

α) vor dem Verbum an folgenden Stellen:
V 11. IX 21. XVII 33. XXVI 15. XXX 4. 18.

β) nach dem Verbum an folgenden Stellen:
II 7. III 1. V 4. IX 19. XIII 10. XV 4.

Das Prädikat, sei es ein Participium, Adjectivum oder
Substantivum steht also nach dem Verbum, wenn das entsprechende lat. Wort hinter dem Verbum steht. Es steht
bald vor, bald hinter dem Verbum, wenn das lat. Wort vor
dem Verbum steht. Ich schliesse wie oben, dass die ge-
bräuchlichere Wortstellung des Prädikats im Allgemeinen
die hinter dem Verbum ist, und das der Uebersetzer, wenn
er davon abwich, oft durch die lat. Wortfolge dazu veranlasst wurde.

IV Stellung des Attributs.

1. Das Attribut als Adjectivum hat ausser dem Pos-
sessivum, Demonstrativum, Interrogativum und dem unbe-
stimmten Fürwort, die immer voran stehen, eine eben so
wechselnde Stellung im Oxf. Ps., wie im Lateinischen und
Französischen überhaupt. Es ist daher für unsere Unter-
suchungen ohne Bedeutung.

2. Das Attribut als Substantivum im Genetiv steht wie
im lat. Texte stets hinter dem Substantivum, wozu es gehört.
Ausnahme macht IX 6, wo das Attribut in der Vulgata da-
vor, im Psalter dahinter steht: inimici frameae = *les espedes
del enemi*.

3. Das Attribut als Substantivum mit Präposition
kommt in den ersten dreissig Psalmen nicht vor.

V. Stellung der adverbialen Bestimmung.

Die adverbiale Bestimmung des Orts, der Zeit, des
Grundes und der Art und Weise steht im Oxf. Psalter, wo
das entsprechende lat. Wort in der Vulgata steht, dh. vor
dem Verbum, hinter dem Verbum, zwischen Subject und
Verbum, oder Object und Verbum etc. Nur vereinzelte

Ausnahmen finden statt. So steht das Adverbium des Ortes nicht analog dem lat. Texte: XXII 4. XXV 3. XXIX 3; das Adverbium des Grundes VI 1; das Adverbium der Art und Weise III 4.

Das Resultat der Untersuchung ist folgendes: In den ersten dreissig Psalmen des Oxf. Psalters steht das Subject immer vor dem Verbum, das Object und Praedicat nach dem Verbum, wenn das entsprechende lat. Wort in der Vulgata dort steht. Steht es aber im lat. Texte an anderer Stelle, so nimmt das entsprechende franz. Wort bald die dem lat. Texte entsprechende, bald die vorher erwähnte Stellung ein. Hieraus ist aber ersichtlich, dass im Dialekte des Uebersetzers die Stellung des Subjects vor das Verbum, des Objects und Praedicats nach dem Verbum die üblichere gewesen ist. Es folgt aber weiter hieraus, dass der Uebersetzer in den Fällen, wo er hiervon abwich, es der Wortfolge des lat. Textes zu Liebe that. Den engen Anschluss an die lat. Wortfolge beweisen noch ganz besonders die so häufig vorkommenden Adverbia des Orts, des Grundes, der Zeit und der Art und Weise, die ganz entsprechend der lat. Wortstellung an erster, zweiter dritter oder vierter Stelle des Satzes stehen. Steht es nun aber fest, das die Wortfolge in unserer Uebersetzung von der lat. Wortfolge beeinflusst worden ist, so glaube ich auch sicher schliessen zu können, dass der Oxforder Psalter ursprünglich eine Interlinearübersetzung war. Wie weit die Wortfolge durch den Schreiber verändert ist, so dass sie einer Interlinearübersetzung weniger ähnlich wurde, lässt sich mit den uns zu Gebote stehenden Handschriften nicht ermitteln. Dieselbe zeigen meist nur lautliche Unterschiede. Man könnte aus den ersten sechs Psalmen, wo die Abweichungen von der lat. Wortfolge bedeutender sind als später, vermuthen, dass solches geschehen ist. Vergleicht man die Interlinearübersetzung der Vers. hebr., den Cambr. Psalter mit unserer Uebersetzung, so findet man dort dieselben Abweichungen von der lat. Wortfolge, wenngleich sie seltener sind. Es berechtigen daher die verhältnissmässig auch noch geringen Abweichungen des Oxf. Psalters von der Wortfolge der

Vulgata noch nicht, unserer Uebersetzung die Eigenschaft
einer Interlinearübersetzung abzusprechen.

Der **Cambridger Psalter,** gegen 1160 geschrieben, ist
eine Uebersetzung in anglonormannischem Dialekte. Er ist
eine Interlinearübersetzung der Versio hebraica des Hierony-
mus und schliesst sich daher Wort für Wort an den lateinischen Text an. Nur selten ist ein Wort hinzugefügt oder
übergangen und selbst das sinnlose „semper" der versio
hebraica am Schlusse der Verse für das hebräische סֶלָה,
welches wahrscheinlich nur ein musikalischer terminus tech-
nicus ist und vielleicht unserem heutigen da capo entspricht,
ist ebenso sinnlos mit *tutes ures* wiedergegeben. So wort-
getreu die Uebersetzung auch ist, finden sich trotzdem einige
Missverständnisse darin.

Ps. IX v. 38 heisst es in der versio hebraica: präparasti cor eorum audiat auris tua. Dies ist in der französischen
Uebersetzung wiedergegeben mit: *Apareillas que le quer d' eals
oiet la tue oreille.* Es ist das „cor eorum" in der französischen Uebersetzung zu *oiet* gezogen, wie dies der lateinische Text auch wohl zuliesse, es ist aber zu „präparasti"
zu nehmen, wie man aus dem Urtext, besonders aus der
Interpunktion, leicht ersieht. Er heisst: תָּכִין לִבָּם תַּקְשִׁיב אָזְנֶךָ
De Wette übersetzt diese Stelle: „Du stärkest ihr Herz, neigst
dein Ohr hin."

Ps. X v. 5 steht in der Versio hebraica: palpebrae ejus
probant filios hominum. Die französische Uebersetzung lautet:
les surcilz de lui pruevent les filz des humes. Diese Anwendung des *surcilz* statt *palpieres* für „palpebrae" ist wohl auf
eine kleine Unaufmerksamkeit des Uebersetzers zurückzuführen, der vielleicht im Augenblick die Begriffe „Augenbrauen"
und „Augenwimpern" verwechselte.

Ps. XVIII v. 2 heisst es in der Versio hebraica: Dies
diei eructat verbum et nox nocti indicat scientiam. Im
Cambridger Psalter lautet diese Stelle: *Li jurz del jurn
forsmet parole e la nuit a la nuit demustret science.* Wir
haben hier dasselbe Missverständniss wie im Oxforder Psalter.

Hieraus scheint hervorzugehen, dass der Uebersetzer des Cambridger Psalters den Oxforder Text vor Augen hatte und benutzte.

Die Uebersetzung der **Bücher der Könige** stammt aus etwas späterer Zeit, als die beiden Psalter, sie mag um 1170 geschrieben sein, und ist nach Suchier Zeitschrift I 569 ein Denkmal anglonormannischer Mundart. Sie ist unter unseren Uebersetzungen die am wenigsten genaue und, verglichen mit der Vulgata, eher eine freie Bearbeitung oder Paraphrase zu nennen. Der Uebersetzer hat neben der Vulgata eine andere damals sehr verbreitete lateinische Bibelübersetzung, die Itala, eine Tochter der Septuaginta vor Augen gehabt, ausserdem aber noch andere Quellen benutzt, die er am Rande seiner Uebersetzung angegeben hat. Es ist dies im ersten Buche: Jeronimus, liber de Quaestionibus super Regum; Isidorus, liber de ignotis partibus veteris et novi Testamenti; Josephus, historia Judaica; Auctoritas. So ist denn diese Uebersetzung ein Amalgam aus verschiedenen Büchern entnommener Stellen und der mehr oder weniger freien Uebersetzung eines lat. Textes der Bücher der Könige.

Es wäre zu weitläufig, jede einzelne Stelle, in der die Uebersetzung von der Vulgata abweicht, genauer zu untersuchen, es sind deren zu viel, ich begnüge mich, einige Gesichtspunkte anzuführen, die den Uebersetzer bei seiner Uebersetzung geleitet haben. In Betreff der Citate hierzu werde ich, wo diese von keinem weiteren philologischen Interesse sind, nur so viele anführen, als mir hinreichend zu sein scheinen, jene zu konstatiren.

Es kam dem Uebersetzer darauf an, eine auch für den ungebildeten Laien verständliche Geschichte der jüdischen Könige zu schreiben, die zu religiöser Erbauung dienen sollte.

Um recht verständlich zu sein, fügt er denn häufig an den Stellen, wo ihm der lat. Text nicht ganz klar zu sein schien, kleinere oft geistreiche Erläuterungen hinzu und kommt so dem Verständniss des Lesers resp. Hörers zu Hülfe. In kap. I v. 2 heisst es in der Vulgata: habuit duas

uxores, nomen uni Anna et nomen secundae Phenenna. Die
Uebersetzung lautet: *Muillers out dous: la plus noble fud
clamee Anna et l'altre Phenenna.* Der Zusatz „*la plus noble*"
giebt dem Leser im Voraus gleich die richtige Ansicht von
der Bedeutung dieser Person. In kap. I v. 4 heisst es: *E a
un jur avint, que Helchana fist sacrefise e sulunc la lei a sei
retint partie.* Hier hat der Uebersetzer *sulunc la lei* zur
Erläuterung hinzugefügt. In kap. I v. 9 heisst es: *Vint
s'en al tabernacle, truvad le vesche Hely al entree, ki asis
iert, qu'il as alanz e as venanz parole de salut mustrad.*
Dieser Finalsatz ist ein Zusatz des Uebersetzers. Dergleichen Zusätze finden sich in der ganzen Uebersetzung
in grosser Anzahl. So kap. II v. 2, 17, 18, 25, 27, 31, 33
kap. III v. 2 kap. IV v. 1, 18 etc.

Andererseits finden sich aber auch Zusammenziehungen
von Sätzen, deren Sinn er in weniger Worten und ebenso-
klar wiedergeben zu können glaubte. So heisst es kap. I
v. 12 u. 13 in der Vulgata: Factum est autem, cum illa
multiplicaret preces coram Domino, ut Heli observaret os
ejus. — Porro Anna loquebatur in corde suo tantumque
labia illius movebantur et vox penitus non audiebatur Aesti-
mavit ergo Heli eam temulentam. Dies ist zusammen-
gezogen in: *La dame en sa preere demurad, ses levres mout,
li quers parlad tantque li evesches l'esguardad e pur ivre
l'enterçad.* Andere solche Stellen finden sich V v. 3 VIII
v. 22 IX v. 3 u. 24 XIII v. 16 etc.

Die Anmerkungen sind ein fernerer Beweis dafür, dass
es dem Uebersetzer sehr darauf ankam, klar und verständlich zu sein. Dieselben finden sich zu den Stellen, die einer
längeren Erläuterung bedurften. .

Dieses Streben nach Deutlichkeit ist mit begründet in
der Bestimmung der Uebersetzung. In einer Anmerkung
des ersten Buches zu kap. I heisst es: *Fedeil Deu, entend
l'estorie* etc.; im dritten Buche in kap. VI steht: *Le temple
devisad, sicume veez, que cest mustiers en la nef e al pres-
biterie sunt partiz.* Diese Stellen beweisen hinlänglich, dass
sie zu kirchlichem Zwecke gemacht war, und zwar, dass
daraus vorgelesen und erklärt werden sollte.

Aus diesem Grunde änderte oder überging er denn auch die vielen Stellen, die ihm zu obscön schienen, an heiliger Stätte vorgelesen zu werden. So z. B. übersetzt er nicht kap. I v. 6: quod Dominus conclusisset vulvam ejus. Andere Stellen, die er aus dem Grunde übergangen oder verändert hat, sind: kap. I v. 14 XVIII v. 25 XXIV v. 4 XXV v. 22 etc.

Ebendeshalb vermeidet er geflissentlich eine wörtliche Wiedergabe des Textes, wo derselbe auf die Priester ein schlechtes Licht werfen konnte. So übersetzt er ganz anders kap. II v. 13 u. 14. An einer anderen Stelle heisst es, dass Helkana zwei Frauen gehabt habe. Hierzu glaubt er eine längere Anmerkung machen zu müssen, um dasselbe zu erklären und zu entschuldigen.

Eine auffallende Erscheinung in unserer Uebersetzung ist der sonderbare Rhythmus, der sich besonders in den ersten Kapiteln und auch später findet, der durch das Hinzukommen von Assonanz und Reim derselben das Aussehen giebt, als wäre sie ursprünglich ein Gedicht gewesen und später zum Theil in Prosa umgewandelt und umgeschrieben. So heisst es in kap. I: *Sire, sire, entend a mei; jo sui la tue uncele ki ja devant teï preieres fis, E pur cest enfant dunc Deu requis; il le me dunad a sun plaisir e jo li rend pur lui servir. Se il te plaist, receif l'enfant que served Deu des ore en avant.* Auf solche Stellen, die sich besonders im Anfang in Menge vorfinden, wurde schon Barbazan aufmerksam. Er zog dieselben heraus und bildete sich folgende Ansicht: *Cette traduction des quatre livres des Rois est entremêlée de vers, quoiqu'ils paroissent écrits comme de la prose et cela est très-fréquent.* Hiergegen sagt Le Roux de Lincy in seiner Einleitung: *Il faut se contenter de voir dans ces répétitions rapprochées du même son, sinon une recontre fortuite du moins une recherche du traducteur et une sorte de prose rhythmée, qui n'était pas sans avoir quelque charme à son oreille.* Weiter unten sagt er: *Je remarquerai de plus, que cette traduction destinée aux offices du dimanche devait être psalmodiée par le diacre chargé de lire li texte de la sainte Écriture. Les observations*

*suffisent, je le crois, pour établir que cette traduction fut
écrite en prose et ne renferma jamais aucun fragment de
poésie.* — Gewiss haben wir kein *fragment de poésie* in
unserer Uebersetzung zu finden, doch kann man auch ebensowenig Verse oder Reime wie die oben angeführten weg-
leugnen und sie auch ebensowenig als durch ein *rencontre
fortuite* entstanden annehmen (ich lasse letzteres gelten von
Reimen, die mit derselben Verbalform endigen); ich glaube,
dass wir die ganze Uebersetzung als in Prosa gemacht anzusehen haben, und dass sich an solchen Stellen der Uebersetzer vielleicht des Wohlklanges wegen zu reimen erlaubt
hat, wo es ohne Schwierigkeiten ging. So ist es nicht
auffallend, dass die Reime oder Verse mit Assonanzen verschiedene Länge haben, und dass sich deren in manchen
Kapiteln mehr, in manchen weniger finden.

Eine sprachliche Eigenthümlichkeit des Uebersetzers ist
der häufige Gebrauch von zwei Wörtern, wo im lateinischen
Texte nur eins steht.

Entweder löst er den allgemeinen Begriff des Wortes,
für welches ihm wohl öfter kein entsprechendes zu Gebote
steht, auf und setzt dafür zwei untergeordnete: Kap. IV v. 3:
ad castra = *as loges e al herneis*; Kap. IV v. 7: ingemuerunt
= *firent plaintes e plureiz e guaimenteiz*; Kap. V v. 8: sa-
trapas = *les princes e les baruns*; Kap. V v. 12: ululatus =
la plainte e les criz; Kap. IV v. 13: ululavit = *leva li plurs
e li criz*; Kap. VI v. 19: luxit = *fist grant plainte e plur*;
Kap. XV v. 35: lugebat = *plaignout e plurout*; Kap. XVI
v. 1: luges = *plures e plains*; Kap. VII v. 1: reduxerunt =
recuillirent e enmenerent; Kap. VIII v. 3: perverterunt judicium
= *falserent justise e dreiture*; Kap. XIV v. 38: angulus =
les princes e les maistres; Kap. XV v. 9: demolitus est =
ocist e delazerad; Kap. VI v. 5: demoliti sunt = *unt destruite
e guastee*; Kap. XVI v. 16: psallat = *chanted e harped*;
Kap. XVII v. 10: exprobare = *ai ramponed e attarié*; v. 25:
attarier e escharnir; v. 45: = *escharni e gabé*; Kap. XX v. 3:
tristetur = *pesance e marrement aies*; Kap. XX v. 15: auferat
= *esraced e osted*.

Oder er erlaubt sich eine gewisse Wortfülle, welche so

zu erklären ist, dass ihm ein Wort an den Stellen nicht
genügte und er zur Verstärkung noch ein anderes sinnver-
wandtes hinzufügte. So in Kap. I v. 11: afflictionem meam
= *ma miserie e ma afflictiun;* Kap. II v. 27: aperte revelatus
sum = *me revelai e apertement mustrai;* Kap. VI v. 5: gloria
= *loenge e glorie;* Kap. IX v. 16: salvabit = *salverad e
guarantirad;* Kap. XV v. 1: audi = *oi e entent;* Kap. XV
v. 3: percute = *oci e destrui;* Kap. XV v. 21: immolare =
sacrefier e offrir; Kap. XVIII v. 30: prudentius = *plus ver-
tuusement e plus pruusement;* Kap. XX v. 8: iniquitas = *ini-
quité e felenie;* Kap. XXV v. 16: pro muro = *pur mur e qua-
rantise;* v. 17: completa = *asummee e acumplie;* Kap. XXVIII
v. 15: inquietasti = *as inquieted e traveilled;* Kap. XXXI
v. 1: interfecti = *morz e ocis.*

Diese Wortfülle artet oft aus, indem der Wörter von
entfernter liegender Bedeutung hinzufügt. Kap. II v. 25:
occidere = *ocire e faire vengement* etc.

Eine ebenso häufige Erscheinung wie er Wortfülle ist
die Steigerung eines Begriffs durch Adverbia oder Adjectiva.

Bisweilen hat diese Steigerung schon im lateinischen
Worte gelegen. Kap. VII v. 10: exterruit = *forment les
espoenta;* Kap. XX v. 17: dejerare = *formend jurad;* Kap.
XXVIII v. 20: extimuerat = *mult crienst.*

Weit häufiger wendet der Uebersetzer sie an, ohne durch
den lateinischen Text dazu veranlasst zu sein, vielleicht um
die Darstellung dadurch lebhafter zu gestalten. So findet
sich im ersten Buche *erranment* 14 mal, *mult* 10 mal, *forment*
9 mal, *grant* 4 mal, *bien* 2 mal, *baldement* 1 mal, *merveilluse*
5 mal. Auch die Steigerung der einfachen Negation findet
oft statt. non = *ne—mie* Kap. II v. 24; non = *gute ne*
Kap. IV v. 15 etc.

Es ist ja bei einer so wenig wörtlichen Uebersetzung,
wie wir sie in den Livres des Reis vor uns haben, natür-
lich, dass der Sinn verschiedener Stellen von demjenigen
der lateinischen Uebersetzung abweicht, zumal da, wo der
Uebersetzer aus anderen Quellen geschöpft hat. Indess auch
in den Versen, die sich sonst dem lateinischen Texte an-

schliessen, verfehlt der Uebersetzer einige Male den Sinn
derselben. Einige solche Missverständnisse sind folgende:

Kap. I v. 5 heisst es in der Vulgata: Annae autem
dedit partem unam tristis. Dies übersetzt er: *E a Anne sa
muiller, que il tendrement amad, une partie dunad, ki forment
ert deshaitee.* Der Uebersetzer hat so übersetzt, als ob im
lateinischen Texte tristi dastände und sich dasselbe auf
Annae bezöge, während es sich nach dem Lateinischen auf
den Mann der Anna bezieht. Es musste daher lauten *ki*
(oder *kar*) *forment ert deshaité* Wahrscheinlich hat hier
der Uebersetzer ein lateinisches Exemplar mit dem Schreibfehler „tristi“ statt „tristis“ vor sich gehabt.

Kap. II v. 1 lautet der lateinische Text: exaltatum est
cornu meum in Domino meo. Dies ist übersetzt mit: *mis
fiz en Deu (est) eshalciez.* Es ist dies ein Missverständniss
des französischen Uebersetzers, wenn er „cornu“ mit *fiz*
übersetzt. Wir haben oben gesehen, dass es demselben besonders darauf ankam, überall wohlverständlich zu sein;
dieses „cornu“ war ihm aber zu undeutlich und er setzte
dafür fiz. Der Sinn dieses „cornu“ ($\varkappa\acute{\varepsilon}\varrho\alpha\varsigma$ in der Septuaginta und אֶרֶן im Urtext) ist aber ein ganz anderer und
dasselbe bedeutet in der Bibel so viel wie „Macht, Stärke“.
Vergleiche Psalm 89, 18 u. 25, 92, 11, 148, 14, Mich. 4, 13 etc.

Kap. II v. 2 heisst es in der Vulgata: neque enim est
alius extra te. Dies ist übersetzt mit: *e nul n'est altres ki
ne change.* Dieses *„ki ne change“* ist auffallend, aber doch
vielleicht nicht für ein Missverständniss zu erklären. In
der Septuaginta heisst es an dieser Stelle: $o\dot{\upsilon}x$ $\ddot{\varepsilon}\sigma\tau\iota\nu$ $\ddot{\alpha}\gamma\iota o\varsigma$
$\pi\lambda\acute{\eta}\nu$ $\sigma o\upsilon.$ Dasselbe giebt uns keinen Aufschluss hierüber.
Der Urtext lautet: אֵין קָדוֹשׁ כַּיחֹוָה כִּי־אֵין בִּלְתֶּךָ dies heisst
wörtlich übersetzt: „es ist nicht heilig wie Jehova, es ist
nicht ausser Dir“. Dem „Jehova“ wird aber von Alters her
die Bedeutung beigelegt „der da war, ist und sein wird“,
also der Begriff der Unveränderlichkeit, und so vertritt das
ki ne change das Jehova.

Kap. II v. 8 lautet in der Vulgata: Domini enim sunt
cardines terrae et posuit super eos orbem. Dies ist in der
französischen Uebersetzung wiedergegeben mit: *Al Seignur*

sunt les quatre parties del mund — E en chescune ad planté le son pople qu'il ad levé. Der Uebersetzer hat hier bei orbis an das hebräische Volk gedacht. Dies ist aber unrichtig. — Besser und wörtlicher ist es in den canticis des Oxf. und Cambr. Psalter übersetzt. Im Oxf. Psalter heisst es: *kar al Segnor sunt li carne de terre, e posad sur els le cercle.* — Wir haben diese Stelle nicht bildlich zu verstehen, wie es der Uebersetzer der Bücher der Könige glaubt, sondern ganz wörtlich.

Kap. III v. 3 steht in der Vulgata: oculi ejus caligaverant, nec poterat videre. Lucerna Dei antequam extingueretur, Samuel dormiebat... Die altfranzösische Uebersetzung lautet: *perdu aveit le veue de viellesce. Ne veer ne pout la lumiere Deu, devant sa mort. E Samuel se dormeit* ... Hier hat der Uebersetzer wahrscheinlich einen lateinischen Text mit einem Schreibfehler „lucernam" statt „lucerna" und einer fehlerhaften Interpunktion vor sich gehabt, da weder der Urtext noch die Septuaginta zu einem solchen Missverständniss Veranlassung gab. Dieser Schreibfehler mochte durch die sonderbare Voranstellung des „lucerna Dei" vor „antequam verursacht sein.

Kap. III v. 17 lautet der lateinische Text: haec faciat tibi Deus et haec addat. Dieses ist übersetzt mit: *icel mal vienge sur tei que Deu ad parlé de mei.* Das Lateinische ist die wortgetreue Uebersetzung des Urtextes und der Septuaginta und heisst: „Gott thue dir dies und das", oder mit anderen Worten: „Gott strafe dich". Der Sinn, den die französische Uebersetzung wiedergiebt, liegt nicht darin. Es kommt dieses Missverständniss wiederholentlich für dieselbe Phrase vor. Kap. XIV v. 44: *Icel mal vienge sur mei ki venir deit sur tei.* Kap. XX v. 13: *Icel mal vienge sur mei que il pensed a tei.* Kap. XXV v. 22: *Cel mal vienge sur mei que venir deit sur lui.*

Kap. XVII v. 29 heisst es in der Vulgata: Quid feci? numquid non verbum est? Dies ist im Französischen wiedergegeben mit: *Que ai fait? n'i ad parole dunt te estuce curecher ne mei si encreper.* Diese Uebersetzung und dieser Zusatz stehen in Widerspruch zu den sonstigen Auslegungen dieser Stelle. Luther übersetzt: „Ist mir es nicht befohlen?“ Allerdings kann auch das Hebräische הֲלֹא דָבָר הוּא mit „num causa est“ übersetzt werden (vgl. Polyglotten von Stier in Theile), woraus man dann allenfalls den Zusatz des französischen Uebersetzers ableiten kann. Der Zusammenhang gestattet beide Auslegungen der Stelle, spricht aber mehr für die luthersche. In der Septuaginta ist diese Stelle wörtlich wiedergegeben mit: τί ἐποίησα νῦν οὐχὶ ῥῆμα ἐστι;

Kap. XVII v. 40 lautet die Vulgata: misit eos in peram pastoralem, quam habebat secum. Dieses ist in den Livres des Reis übersetzt si's mist en sun vaissel u il soleit ses berbiz mulger. Dieses vaissel = Gefäss entspricht nicht dem „pera pastoralis“ = Hirtentasche, wohl aber dem κάδιον der Septuaginta. Es hat hier vielleicht der Uebersetzer die Itala vor Augen gehabt, in der ein dem κάδιον entsprechendes „cadus“ oder „vas“ gestanden haben mag.

Kap. XXIII v. 23 heisst es in der Vulgata: Perscrutábatur eum in cunctis millibus de Juda. Dies ist in der französischen Uebersetzung wiedergegeben mit: jo l'esquerrai od tut l'ost de Juda. Dieses Missverständniss beruht vielleicht auf einem Schreibfehler in dem lateinischen Texte des Uebersetzers; denn derselbe übersetzt so, als ob „cum cunctis militibus“ dastände.

Kap. XXV v. 24 steht in der Vulgata: In me sit, domine mi, haec iniquitas. Dies ist im Französischen übersetzt: Sire, sire, sur mei seit cest pecchié, nient sur tei. — David ist auf dem Wege, den Nabal, der seine Gesandten hart zurückgewiesen hat, dafür zu bestrafen. Abigail bittet nun den David, ihrem Manne zu verzeihen und sagt: Mein sei diese Missethat etc. — Es ist also offenbar der Zusatz des Uebersetzers „nient sur tei“ falsch, es musste dem Sinne gemäss nient sur lui dafür stehen.

Kap. XXXI v. 7 hat die Vulgata: veneruntque Philistiim et habitaverunt ibi. Dies ist in den Livres des Reis wiedergegeben mit: Vindrent en terre de Philistiim pur la ester. Dieses Missverständniss ist der Nachlässigkeit des französischen Uebersetzers zuzuschreiben, da schon der Zu-

sammenhang ein solches hätte verhindern müssen. Denn
die Israeliten werden nicht in das Land der Philister ziehen,
um dort zu wohnen, nachdem sie von ihnen bekriegt worden
sind. Schon dies hätte den Uebersetzer verhindern müssen,
Philistiim für einen accus. loci anzusehen. Vorher hat er
dasselbe schon immer richtig mit Philistien übersetzt.

Diese Missverständnisse, deren Zahl sich wohl noch
vermehren liesse, zeigen, dass der Uebersetzer einen bisweilen fehlerhaften lateinischen Text der Vulgata vor sich
hatte, und dass er auch öfter eine andere lateinische Uebersetzung der Bibel als die Vulgata, vielleicht die Itala, benutzt hat. Wenn einige Male dieselben der falschen Auf-
fassung des Uebersetzers zuzuschreiben waren, so darf man
letzterem gewiss noch nicht Unfähigkeit verwerfen. Es
beweisen vielmehr die vielen kleinen treffenden Bemerkungen,
die er in die Uebersetzung mit eingefügt hat, dass wir einen
nicht geringen Interpreten und Uebersetzer vor uns haben,
dem man gern einmal einen kleinen Fehler verzeiht.

Die Uebersetzung der **Dialoge Gregor's des Grossen**
ist erhalten in einer Handschrift aus dem Ende des 12. oder
dem Anfang des 13. Jahrhunderts und ist in Wallonischem
Dialekte, genauer Lütticher Mundart, geschrieben. Die Dialoge Gregor's sind eine Sammlung von Wundergeschichten,
die im Mittelalter sehr verbreitet, viel gelesen und hoch
gehalten wurde. So ist denn eine so grosse Menge von
lat. Exemplaren auf uns gekommen, dass Förster es für zu
mühevoll gehalten hat, dasjenige herauszusuchen, welches
der Autor unseres altwallonischen Denkmals bei seiner
Uebersetzung benutzt hat. Derselbe hat daher den besten
lat. Text der Dialoge, die Ausgabe der Benediktiner, unter
den von ihm herausgegebenen und kritisch bearbeiteten Text
der wallonischen Uebersetzung gesetzt, nachdem er mit
Hülfe der wichtigsten Varianten, die in der Benediktiner-
Ausgabe verzeichnet standen, denselben der wallonischen
Uebersetzung conformer gemacht hatte. Die Stellen, die
trotzdem noch verschieden sind und durch keine passende

Variante ersetzt werden konnten, hat er mit Zeichen versehen. Indess haben wir diese Stellen nicht gleich als Missverständnisse des.Uebersetzers anzusehen, da ja immer die Möglichkeit vorhanden ist, dass in seinem lateinischen Texte etwas entsprechendes stand. Abgesehen von diesen Stellen, deren es freilich ziemlich viel sind, schliesst sich die wallonische Uebersetzung eng an den lateinischen Text an und giebt ihn fast Wort für Wort wieder, ohne jedoch. wie der Oxf. und Cambr. Psalter, das Gepräge einer [Interlinearübersetzung an sich zu tragen.

Die Uebersetzung der **Predigten Gregor's des Grossen** über Ezechiel, in einer Handschrift aus dem 12. oder 13. Jh. erhalten, ist nicht, wie der Herausgeber derselben K. Hofmann behauptet, ein Denkmal burgundischer, sondern lothringischer Mundart. Dieselbe schliesst sich eng an den lateinischen Text an, ohne jedoch immer eine wortgetreue Wiedergabe desselben zu sein. So sind. in allen Predigten häufig einzelne Wörter oder kleinere Sätze ausgelassen. Es ist z. B. 8, 4 quam a militibus requirebat; 8, 23 sed terram amplius percuti voluit; 5, 12. 17, 13 ut ita dicam nicht übersetzt. Seltener sind längere Sätze wie 8, 38. 8, 41 unübersetzt geblieben. — Andererseits sind dafür kleinere erläuternde Sätze hinzugefügt, wie z. B. 4, 20 *quant il fut venuz.* 7, 28 *dont il avoit mistier.* 7, 30 *ki pres estoit.* — Kleinere Versehen des Uebersetzers sind häufig. So fehlt die Verneinung *nemies* 7, 10 bei *tochet.* 14, 31 steht *Deus* für *Jesus* etc. Zuweilen hat schon der Herausgeber durch das Anführen der lateinischen Worte darauf aufmerksam gemacht. Vollständig missverstanden hat der Uebersetzer eine Stelle der ersten Predigt 7, 33. Es heisst der lat. Text: Praecidit ergo lignum et misit illuc, natavitque ferrum. Dies ist übersetzt: *il prist un tison sel mist el leu ou li fers fut cheuz si revint li fers el tison.* Durch die französische Uebersetzung verliert diese Stelle vollständig das Wunderbare und den Werth für den Beweis des vorher aufgestellten Satzes.

Die Uebersetzung der **Predigten des hl. Bernhard**
wurde, wie Kutschera, Dissertatio inaug. Halle 1878 nach
gewiesen hat, wahrscheinlich im Jahre 1208 verfasst. —
Ueber die Art der Uebersetzung hat Kutschera in der er-
wähnten Dissertation eine sehr gründliche Untersuchung an-
gestellt. Es wäre überflüssig, dieselbe zu wiederholen. Ich
verweise daher auf diese Abhandlung.

Der **Lothringische Psalter** ist nach der Angabe der
Handschrift selbst im Jahre 1365 geschrieben. Wie der
Uebersetzer in seiner Vorrede sagt, lag es in seiner Ab-
sicht, die Psalmen in den rein lothringischen Volksdialekt
zu übersetzen und dabei den lateinischen Text möglichst genau wiederzugeben. Er sagt: *Vez ci lou psaultier dou latin
trait et translateit en romans en laingue lorenne selonc la
veriteit commune et selonc lou commun laingaige au plus pres
dou latin qu'en puet bonnement.* Er setzt hierauf auseinander,
welche Schwierigkeiten es macht, einen lateinischen Text
in das Romanische zu übersetzen. Die lateinische Sprache
sei viel reicher an Wörtern als die lothringische und die
romanische überhaupt. Deshalb hat er öfter Fremdwörter
wie *iniquiteit, redemption, misericorde* gebraucht, wo ihn das
Lothringische im Stiche liess, öfter auch Umschreibung an-
wenden müssen, um den Sinn des lateinischen Wortes möglichst genau wiederzugeben. — Die grosse Sorgfalt, die er
besonders auf die richtige Wiedergabe des Sinnes verwendet,
veranlasst ihn auch öfter, wo der Text der Vulgata ihm
vielleicht zu undeutlich erschien, sich von demselben zu
entfernen. So heisst es Kap. IX v. 6: Periit memoria eorum
cum sonitu. Dies übersetzt er mit: *Lour memoire est perie
avec lou vent et comme son.* — Kap. IX v. 13: quoniam re-
quirens sanguinem eorum recordatus est: non est oblitus
clamorem pauperum. In der franz. Uebersetzung steht dafür:
*Quar quant il ait requis lou sanc d'iceulz pour eulz jugeir
a mort et condampneir, il n'ait mie oblieit la clamour des
povres.* — Kap. X v. 7: Pluet super peccatores laqueos: ignis,
et sulphur, et spiritus procellarum pars calicis eorum. Dies

ist übersetzt mit: *Il ploverait sus les pechour las et rois pour
eulz enlacieir feu souffre et vent de tempeste serait lour part
et pourtion ne plus n'en pourteront.* Dergleichen Stellen sind
nicht selten. — Einige Verse hat er falsch verstanden.

Kap. VII v. 2 heisst es in der Vulgata: salvum me fac
ex omnibus persequentibus et libera me: nequando rapiat
ut leo animam meam. Dies übersetzt er: *Que aucune foiz
par aventure li lyons d'enfer ne ravisse mon anrme* Es ist
also in der französischen Uebersetzung leo zum Subjekt gemacht, während es in dem vorhergehenden persequentibus
enthalten ist. Vielleicht hat der französische Uebersetzer an
den Wechsel des Numerus Anstoss genommen. Derselbe
findet sich aber in der hebräischen Poesie sehr häufig und
ist in die lateinische Uebersetzung oft mit hinüber genommen.
Möglich wäre es auch,' dass in dem lateinischen Text des
Uebersetzers „ut" nicht stand.

Kap. XVI v. 14 steht in der Vulgata: De absconditis
tuis adimpletus est venter eorum. Saturati sunt filiis. Dies
ist übersetzt: *De tes secreiz et mysteires reponus lour ventre
est tout remplis. Il sont saoleiz de lour filz.* Der französische Uebersetzer verstand, wie das „lour" schliessen lässt,
diese Stelle in dem Sinne: Sie werden gesättigt von ihren
Kindern, oder sie werden satt an ihren Kindern. Beide
Auffassungen entsprechen nicht dem lateinischen Texte. Das
hebräische יִשְׂבְּעוּ בָנִים heisst: sie werden satt resp. gesättigt
werden in Bezug auf Kinder oder wie Luther übersetzt, sie
werden Kinder die Fülle. haben. Der französische Uebersetzer hätte daher *lour* fortlassen müssen, denn durch dasselbe bekommt diese Stelle einen ganz anderen Sinn.

II. Ausdruck.

Auch in diesem Theile meiner Untersuchung sind die
oben angeführten Abschnitte der sechs Denkmäler zu Grunde
gelegt, und die darin für die lateinischen Wörter vorkommenden verschiedenen altfranzösischen Wörter in Bezug auf

ihr ferneres Vorkommen in den Texten und den Unterschied
ihrer Bedeutung geprüft. Da bis jetzt die von Förster seit
geraumer Zeit angekündigte Herausgabe sämmtlicher übersetzten Predigten des hl. Bernhard noch nicht erfolgt ist, und
mir nur ein geringer Bruchtheil von demselben zu Gebote
steht, nämlich die neun, welche sich im Anhange zu den
Quatre Livres des Reis von Le Roux der Lincy finden, so
ist eine Feststellung des Wortgebrauches in diesem Denkmal
nur in beschränktem Sinn möglich. Citate habe ich meist
nur so viele angeführt, als mir hinreichend schienen, den
Gebrauch eines Wortes in der jedesmaligen Uebersetzung
zu konstatiren. Lautliche Unterschiede sind, da es sich
hier nur um die Bedeutung der Wörter handelt, gewöhnlich
unbeachtet geblieben.

Substantiva.

Acies = Schaar ist in den Q. L. R. I 17, 2 u. 21, II 10,
8 u. 9 etc. mit *eschiele*, in Greg. Dial. 43, 7. 183, 20. 187, 16
etc. mit *compangie*, in Greg. Ezech. 65, 16 und 17 mit
conpaignie; 65, 19 u. 34 mit *essierc* übersetzt, und beide
Wörter sind im Sinne von „Heeresabtheilung" gebraucht,
In den Q. L. R. I 10, 10. 19, 20 etc. kommt *cumpaignie* auch
vor und giebt das lat. „cuneus" wieder, welches hier auch
nichts anderes bedeutet als Schaar allerdings nicht von
Kriegern, sondern von Menschen überhaupt. So steht es
auch später II 6, 12. III 10, 2 etc. für das lat. chorus, comi-
tatus. Ganz in derselben Bedeutung findet es sich auch in
Greg. Dial. 243, 5. 175, 11 etc., wo es das lal. „consortium.
societas etc." ausdrückt. Greg. Dial. besitzen daher nur
das eine Wort *compaignie*, welches die allgemeine Bedeutung
von „Schaar" hat und so auch Schaar von Kriegern bedeutet. Die Q. L. R. haben ausser den zwei Wörtern *cumpaignie* und *eschiele* noch ein drittes „cunrei" I 13, 17 (II
15, 19): *Li Philistien apresterent treis cunreis, pur curre par
la terre.* Dieses *cunrei* findet sich im Roland nur in der
Bedeutung von Zurüstung, später aber wie in den Q. L. R.

auch in der Bedeutung von „Truppenabtheilung". So z. B. im Roman de Troies 9727: *Filimenis et les autres riches rois toz a establiz e divisez e les conrois fais e sevrez.* Auch in der Bedeutung von Zurüstung kommt dasselbe in den Q. L. R. oft vor, z. B. III 4, 7, 20, 7. Von diesen drei Synonyma hat sich nur *cumpaignie* in der Bedeutung einer „Truppen- abtheilung" bis auf die Neuzeit behaupten können, während *eschiele* wohl wegen des gleichlautenden *eschiele* = Leiter (Q. L. R. II 23 Anm. 1) ungebräuchlich wurde, und *cunrei* in diesem Sinne gänzlich verschwand.

Arca ist in den Q. L. R. I 3, 3. 4, 3 etc. mit *arche;* in Greg. Dial. 37, 19 u. 25. 93, 19 mit *huige,* 25, 2 mit *arche;* im Oxf., Cambr. und Loth. Ps. 131, 8, so wie in den Pred. Bernh. 566, 7 mit *arche* übersetzt. Im wallonischen Texte haben *arche* und *huige* [1]) die Bedeutung von verschliessbaren Kasten oder Lade zur Aufbewahrung von Mehl, Getreide und dgl. In den Q. L. R. kommt *arche* nur speciell in der Bedeutung von Bundeslade vor, während das dem *huige* entsprechende *huche* IV 12, 10 das lat. „gazophylacium" = Geldlade wiedergiebt. Für den Begriff „Kasten" kommt noch ein drittes Wort in den Q. L. R. I 6, 15 vor: *escrin* = capsela = Schmuckkästchen. Neben dieser Bedeutung be- zeichnete es auch einen Kasten, wo Papiere, Briefe etc. hineingelegt und aufbewahrt wurden und so kommt es in Greg. Dial. 31, 12 in der davon abgeleiteten Bedeutung von „Schreibepult" vor. Letztere Bedeutung verschwand jedoch wieder, während *écrin* die Bedeutung „Schmuckkästchen" bis heute behalten hat. Ebenso hat *huche* = Backtrog, Mehllade etc. und *arche* in gewissen Verbindungen wie *arche de pompe, arche d'alliance* seine frühere Bedeutung bewahrt.

Castra ist in den Q. L. R. auf verschiedene Weise aus- gedrückt: I 4, 3 mit *loges e herneis;* I 4, 5 u. 6. 26, 6. II 1,

---

[1]) Im Guerre de Metz findet sich huge. Im jetzigen wallonischen Dialekte hat houche nach Grandgagnage die Bedeutung von 1. grande planche qui se met sur le côté d'un chariot, 2. sorte de chariot avec de grandes planches sur les deux côtés, 3. grand tombereau.

2 u. 3 etc. mit *ost;* II 2, 29 mit *recet;* II 17, 27, IV 7, 16
mit *herberges;* IV 7, 10 mit *loges;* IV 7, 14 mit *ost e loges.*
Es heisst im Cambr. Ps. 26, 4. 77, 29. 105, 15 *herberges;*
ebenso im Oxf. Ps. 26, 5. 77, 32. 105, 16. Im Loth. Ps. steht
26, 3: *ost et bataille;* 77, 28 *tabernaicles;* 105, 16 *chasteiz et
ost;* und in Greg. Ezech. 55, 39. 64, 20. 124, 38 *oz;* 80, 15
chastel. In Greg. Dial. kommt castra nur als plur. von
„castrum" = „befestigter Ort, Burg" vor und ist dann mit
chastel übersetzt. So z. B. 20, 21. 72, 11. 104, 8. Der Uebersetzer der Bücher der Könige scheint noch keinen bestimm-
ten Ausdruck für castra zu haben, er wendet daher Umschreibung an oder nimmt sinnverwandte Wörter zu Hülfe.
Jedenfalls haben wir *ost,* welches am häufigsten vorkommt,
nicht als solchen anzusehen. Sonst ist *herberges* das ge-
bräuchlichste Wort dafür. Wir finden es schon im Roland
668: *Guenes li quens est venuz as herberges.* Im Oxf. und
Cambr. Ps. ist es allein dafür gebraucht. Ebenso wechselnd
wie in den Lid. d. R. sind die Ausdrücke für „castra" im
Loth. Ps. — Castra metari ist in den Q. L. R. I 4, 1. 13, 5.
17, 1. 26, 3 mit *sei alogier* übersetzt. Es kommt auch das
im Rol. allein dafür gebrauchte Wort *herbergier* vor, aber
meist in der Bedeutung von „ponere". — Das in den Q. L. R.
vorkommende *recet* = castra findet sich I 24, 23. III 12, 24
auch für „domus". — *Chastel,* welches in Greg. Dial. und
Greg. Ezech. für castra gebraucht ist, bedeutet ein befestigtes
Lager und ist fast gleichbedeutend mit „Burg", während
das altwallonische *borc* eine mit Ringmauern umgebene
Stadt bedeutet, daher dem lat. „urbs" entspricht. Es findet
sich *chastel* auch in den Q. L. R. II 8, 14. III 9, 11 und steht
dort für „praesidium" und „oppidum".

Cibus ist in den normannischen Texten mit *viande*
übersetzt. So z. B. Oxf. Ps. 13, 8. 52, 5 etc.; Cambr. Ps.
13, 8. 77, 18. 103, 27 etc.; Q. L. R. I 1, 7 II 12, 4. 13, 5 etc.
In Greg. Dial. ist es immer mit *mangier* wiedergegeben z. B.
58, 21. 59, 4. Auch die Pred. Bernh. 539, 16 und Greg.
Ezech. 41, 23. 65, 38 etc. haben *maingier* = cibus. Viande
ist auch unserem wallonischen Texte nicht fremd, so steht
es z. B. 181, 4 für victus; 135, 13 für aliementum. In dieser

Bedeutung steht es auch in den normannischen Denkmälern
und giebt Cambr. Ps. 77, 26 Oxf. Ps. 77, 29 cibaria wieder.
Im Cambr. Ps. 68, 24. 103, 21. 110, 5 und Oxf. Ps. 43, 13.
68, 26 etc. ist es für esca gebraucht. Auch der Loth. Ps.
77, 29 und 68, 21 hat *viande* für cibaria und esca. In
Greg. Ezech. 65, 38 steht *viande* für aliementum. Die
Bedeutung des *viande* = Lebensmittel hat sich im ganzen
Mittelalter bis ins 16. Jahrhundert hinein behauptet. Noch
Rabelais sagt in seiner Tragödie Le triomphe de la
Ligue: *Il donne la viande aux jeunes passereaux.* Ebenso
im Vie de Gargantua et de Pant. IV 54: *les poires sont
viandes très salubres.* Dem heutigen *viande* entspricht im
Altfranzösischen *charn.* So z. B. Q. L. R. I 25, 11 Oxf. Ps.
77, 31 Lothr. Ps. 77, 27· Greg. Dial. 8, 16. 163, 1. Das
mangier der Dialoge Gregor's kommt in unseren normanni-
schen Texten meist als inf. für manducare oder comedere
vor. Es findet sich jedoch auch substantivisch in den
Q. L. R. II 13, 7 und bedeutet dort soviel wie „zubereitetes
Mahl, Essen" (*un mol mangier*). Andere Stellen hierzu sind:
I 8, 13. 9, 13. 9, 25. 20, 5 etc.

Facies ist in den Q. L. R. I 16, 12 mit *chiere*; III 2, 20.
18, 42 IV 4, 29 mit *face*; III, 20, 41 mit *vis* übersetzt. Im
Oxf. und Cambr. Ps. und Greg. Dial. ist es stets mit *face*
wiedergegeben. Dieses *chiere*, welches wir in den Q. L. R.
I 1, 18. 16, 7 auch für vultus finden, hatte ursprünglich die
seiner Ableitung von χάρα entsprechende Bedeutung von
„Haupt". In den Q. L. R. bedeutet es aber schon „Gesicht,
Miene". In derselben Bedeutung finden wir es im 13. Jahrhundert z. B. Aucassin I 15, 8: *vairs les ex, ciere riant;* im
Judenknaben 23, 8: *qu'il ne face aus enfans Crestiens bele
chiere* etc. und es behauptete dieselbe bis in 16. Jahrhundert.
Selbst die heutige normannische und lothringische Mundart
kennen sie noch (vgl. Diez. Etym. Wörterbuch). — Das
synonyme „vultus" ist ausser mit *chiere* in den Q. L. R.
III, 19, 13 noch mit *viarie* übersetzt. Im Oxf. und Cambr.
Ps. ist es stets mit *vult* wiedergegeben, sowie daselbst
„facies" stets mit *face* übersetzt ist. In Greg. Dial. entspricht dem lat. „facies" immer *face* und dem „vultus" immer

viaire. Letzteres findet sich im Cambr. und Oxf. Ps. nicht. Ebenso kommt *vult* in den Q. L. R. und Greg. Dial. nicht vor. Das *vis*[1]), gleich dem späteren *visage* kommt III 20, 38 in den Q. L. R. noch für das lat. „os" vor. Greg. Dial. haben dasselbe nicht aufzuweisen. In den Pred. Bernh. 530, 6 steht *fazon* für facies und 536, 31 auch *vis* für vultus und in Greg. Ezech. 16, 21. 20, 27 etc. *faceons* für facies und 29, 5. 58, 26 *viaire* für vultus. Im Loth. Ps. findet sich *faice, vis, visage* und *viaire,* es fehlt ihm aber das *vult* und *chiere* der normannischen Texte.

Flumen ist in den drei normannischen Texten meist mit *flum*(e) übersetzt. Daneben kommt im Oxf. Ps. 64, 10 *fluves;* 45, 4 *flut;* 77, 19 u. 49 *fluez* vor. Im Cambr. Ps. findet sich noch 73, 15 *fluvies* und 92, 3. cant. η, 12 *fluive;* 136, 1 *fluez.* In Greg. Dial. 125, 18. 126, 12 etc. ist flumen immer mit *fluet*[2]) wiedergegeben. In den Pred. Bernh. 563, 17 u. 21 und Greg. Ezech. 40, 3. 92, 39 ist *fluve,* im Loth. Ps. immer *flueves* dafür gebraucht. — Dem synonymen „fluvius" entspricht in den Q. L. R. II 17, 21. 19, 31 IV, 24, 7 *flum;* II 10, 16 IV 5, 12. 18, 11 *ewe;* IV 17, 6 *fluvie.* Im Oxf. Ps. 73, 16 ist es mit *fluvies* übersetzt und im Cambr. Ps. 77, 44 mit *fluvies;* cant. ε, 14 mit *fluez* wiedergegeben. In Greg. Dial. 125, 10. 151, 10. 246, 1 etc. steht immer *fluet* dafür. In Greg. Ezech. findet sich immer *fluve,* im Loth. Ps. immer *flueves.* — „Torrens" ist in den Q. L. R. I 17, 40. 30, 21 III 15, 13. 17, 3 u. 4. 18, 40 IV 23, 12 mit *riviere;* I 30, 9 II 15, 23. 17, 13 IV 3, 16 mit *ewe;* II 23, 30 mit *ruissel* übersetzt. Im Oxf. Ps. steht dafür 17, 5. 35, 9. 73, 16 etc. *ewe;* 77, 23 *doit.* Im Cambr. Ps. 17, 4. 109, 8. 123, 4 ist es mit *ewe;* 17, 4. (Anm.) 77, 20 *doit* (duit); 35, 8 *torrent;* 73, 15. 82, 9 *desrube* wiedergegeben. Der Loth. Ps. gebraucht immer *ruissel* dafür. — Dem lat. „rivus" ent-

---

[1]) Das in unseren normannischen Texten so spärlich vorkommende *vis* ist in anderen normannischen Texten häufiger gebraucht. So z. B. Alexius, Roland, Vie de St. Auban, Beneoit Chr. du duc de N. v. 4058 etc.

[2]) Im Henri de Valenc. 499^b u. 488^d kommt flum und flume vor.

spricht in den Q. L. R. IV 24, 7 *riviere;* Cambr. Ps. 1, 3.
64, 10. 77, 16 u. 44 *ruiscals;* in Greg. Ezech. 105, 13 *ruises;*
105, 14 *rusel;* 105, 16 *ruil.* In den Pred. Bernh. 563, 16
steht *ruysel* für rivulus. — „Fluctus" ist im Oxf. und Cambr.
Ps., so wie Greg. Dial. immer mit *fluet,* in den Pred. Bernh.
569, 22 mit *ondes* und im Loth. Ps. 41, 8 etc. mit *flot* übersetzt. — Dieses Ineinandergreifen von *flume, fluvie, fluet* und
ewe schliesst eine strenge Unterscheidung der Bedeutung
der Wörter aus. Greg. Dial. kennen nur ein Wort „*fluet*"
für flumen, fluvius und fluctus. In den normannischen
Texten bezeichnet *flume* und *fluvies* im Allgemeinen einen
grossen Fluss, während *riviere, ruissel, torrent, desrube, doit*
einen kleinen Fluss bedeuten. Indess ist auch *riviere*
Q. L. R. IV 24, 7 vom Nil gesagt: *des la riviere de Egypte
jesqu'al flum de Eufraten.* — *Ewe* steht für „Fluss" überhaupt und kommt so schon im Rol. 2225 für einen kleinen
Bach in Rencesvals, wie 2465 für den Ebro vor. *Duit*
ist auf ductus aquarum zurückzuführen und kommt auch
Q. L. R. IV 18, 17 für aquae ductus vor. — *Desrube,* welches sich zweimal im Cambr. Ps. findet, ist von rupes her-
zuleiten und hat eigentlich die Bedeutung von „Felsengruppe,
Schlucht". So finden wir es in den Q. L. R. z. B. I 14, 4:
*mais rochiers e derubes esteient merveillus puignanz e tran-
chanz.* Es hat im Cambr. Ps. die Bedeutung eines in sol-
cher Schlucht fliessendes Baches, entsprechend dem lat.
torrens.

Funis ist in den Q. L. R. II 22, 6 mit *cordes;* II 17, 13
mit *chables* übersetzt. Der Oxf. Ps. 118, 61. 139, 6 hat dafür
funels. Im Cambr. Ps. ist es 17, 4 u. 5. 20, 12. 114, 3. 139, 6
mit *cordes;* 118, 61 mit *funels* wiedergegeben. In Greg.
Dial. 57, 20. 146, 9 ist dafür *corde;* 64, 5. 146, 12 u. 14.
277, 17 *fun* gebraucht. Im Loth. Ps. 15, 6. 118, 61. 139, 5
steht *cordes.* In den Q. L. R. und dem Loth. Ps. kommt
fun (funel) nicht vor, während der Oxf. Ps. *corde* nicht aufzuweisen hat. *Fun* hat sich nur als terme de marine in
der Form *fune* gleichbedeutend mit *corde* im Neufranzösischen behaupten können. Im Uebrigen ist es von *corde*
verdrängt. Das in den Q. L. R. vorkommende *chables* in

der Bedeutung von „grosser Tau" ist in der Form *câble* =
„Ankertau" ins Neufranzösische übergegangen.

Increpatio ist im Oxf. Ps. 17, 18. 75, 6. 79, 17 etc. mit
encrepement; im Cambr. Ps. 17, 15. 38, 13. 75, 6 etc. mit *encrepement* und 72, 14 mit *chastiemenz* übersetzt. Increpare
ist dementsprechend im Oxf. Ps. 9, 5. 67, 33 etc. immer mit
encreper wiedergegeben. Ebenso im Cambr. Ps. 9, 5. 67, 31
etc. In den Q. L. R. kommt dafür I 17, 29. II 22, 16 *encreper*
und IV 19, 3 *chastier* vor. Der wallonische Text kennt für
increpatio und increpare nur *chosement* 86, 11. 95, 8 etc. und
choseir 40, 4. 65, 10. 79, 7 etc. . *Encreper* kommt in Greg.
Dial. nicht vor, ebensowenig wie *choseir* in dieser Bedeutung
in den normannischen Texten. Die Lothringischen Denkmäler haben *chastiement* und *chosemenz* aufzuweisen z. B.
Loth. Ps. 17, 15. 75, 6 etc. und Greg. Ezech. 61, 34. 89, 34, es
fehlt ihnen *encrepement.*

Iter heisst in den Q. L. R. I 24, 8. II 2, 24 etc. *chemin;*
im Oxf. Ps. 1, 7. 79, 10. 139, 6 und im Cambr. Ps. 1, 7. 67, 25.
cant. ε, 9 ist es mit *eier* übersetzt. In Greg. Dial. 11, 4. 13, 4
etc. steht dafür stets *voie*. — Für das synonyme „via" findet
sich in den Q. L. R. *chemin* und *veie* gleich häufig. Daneben
kommt I 15, 2 auch *veage* vor. Im Oxf. und Cambr. Ps. ist
es stets mit *veie* wiedergegeben. In den lothringischen Denkmälern ist *voie* für iter und via angewandt. Im Loth. Ps. 1, 6
kommt auch *chemin* = iter vor. — Das in den Q. L. R. vorkommende *veage* hat ein Analogon in Greg. Dial. 215, 19
voiage, welches aber hier noch die seiner Ableitung aus via-
ticum entsprechende Bedeutung von „Reisegeld" hat. Es
heisst dort: *ele demandat lo voiage, et si lo prist.* In den
Q. L. R. ist es aber in der Bedeutung von „Weg, Reise" gebraucht: *Anumbred ai les mals que Amalech fist a Israel cume
il le desturbad el veage, quant il vint de Egypte.* Das nur
in den normannischen Texten vorkommende *eire* ist in der
Form *erre* im Neufranzösischen erhalten geblieben. *Chemin*
kommt schon in älteren normannischen Denkmälern z. B.
Rol. 405: *tant chevalchierent e veies e chemins*, es fehlt aber
in Greg. Dial., welche nur *veie* für iter und via kennen.
Auch der Oxf. und Cambr. Ps. haben es nicht aufzuweisen.

Invenis ist in den Q. L. R. I 25, 5. II 1, 13. III 12, 14 etc.
mit *bacheler* übersetzt. Das synonyme adolescens ist I 17, 42
mit *juvencels;* I 30, 17. IV 5, 22 mit *bacheler* wiedergegeben.
Für beide lateinischen Wörter haben Cambr. und Oxf. Ps.,
sowie Greg. Dial., Greg. Ezech.' und der Loth. Ps. nur
juvencels. Indes kommt in Greg. Dial. 198, 12 u. 21
bacelerie für adolescenstia vor. — *Bacheler* bedeutete nach
Burguy zuerst den „Besitzer eines Bauerngutes;" dann
einen „Ritter, der zu arm und zu jung ist, um ein eigenes
Banner zu führen." In den Q. L. R. schliesst *bacheler* gewöhnlich den Begriff „Krieger" in sich. So ist es z. B. I 25, 5
von jungen Leuten genommen, die David zu seiner Be-
schützung bei sich hatte. In Greg. Dial. ist dasselbe in Bezug auf das Substantivum *bacelerie* nicht der Fall und es
bedeutet dort ganz allgemein „Jugend". So heisst es 198, 12
Esleece toi, jovenceaz, en ta bacelerie = laetare, juvenis,
in adolescentia tua. Die Bedeutung von „armer Ritter"
finden wir im Huon v. Bord. v. 5546: *que lues ne soit mes-
chins et bacelers.* Im 13. Jh. wird die Bedeutung „junger
Mann" vorherrschend. So finden wir es im Aucassin et Nic. nur
in diesem Sinne ohne den Nebenbegriff „Ritter oder Krieger"
in sich zu schliessen. II 31 heisst es dort: *un baceler, qui
du pain li gaaignera par honor. Juvencel* hat in unseren
Texten immer die allgemeine Bedeutung von „Jüngling."

Lacus ist im Oxf. Ps. 7, 16. 27, 1 mit *lac;* 39, 2. 87, 4
u. 6. 142, 7 mit *fosse* übersetzt. Im Cambr. Ps. 7, 15. 27, 1.
142, 8 steht ebenfalls lac; 39, 2. 87, 4 u. 6. cant. β 13 *fosse.*
In Greg. Dial. 57, 7. 66, 11 ist es mit *bruec* und 68, 6 mit
lai ausgedrückt. In Greg. Ezech. 50, 21. 78, 21 steht *lai.* Im
Loth. Ps. 7, 15. 27, 1 etc. findet sich *lac* oder 39, 2 *lac et fosse.*
— Dieses *fosse* der Psalter haben wir jedoch nicht als einen
Ausdruck für „See" anzusehen. Das lat. „lacus" ist eine
schlechte Uebersetzung des hebräischen בּוֹר, welches „Grube,
Cisterne, Gefängniss, Grab" bedeutet. Vielleicht hat sich der
lateinische Uebersetzer durch das gleich klingende in der Septuaginta dafür gebrauchte λάχχος = „Tiefe, Loch, Grube"
verführen lassen und es mit lacus übersetzt. Die französischen
Uebersetzer merkten diesen Fehler und setzten dafür zuweilen

richtiger *fosse*. Wir haben daher nur *lac* als das norman-
nische und lothrinigische Wort für lacus anzusehen. Greg.
Dial. haben *bruec* und *lai* für lacus, ohne einen Unterschied
in der Bedeutung der beiden Wörter erkennen zu lassen.
Bruec kommt in den normannischen und lothringischen
Texten nicht vor.

Pecunia ist im Oxf. und Cambr. Ps. 14, 6 mit *pecunie*
übersetzt: *chi sa pecunie ne dunad a usure.* In Greg. Dial.
12, 3. 267, 22 etc und ebenso in Q. L. R. IV 12, 4 u. 7 u. 8 u.
10. 22, 4 (IV 5, 23) ist es mit avoir wiedergegeben. Die
Pred. Bernh. 541, 4 und Loth. Ps. 14, 5 gebrauchen *pecunie.*
Das im Oxf. und Cambr. Ps. und den beiden lothringischen
Denkmälern vorkommende *pecunie* findet sich im Greg. Dial.
nicht, auch in den Q. L. R. ist es nicht angewandt. Sonst
wird der Begriff „Geld" in allen Texten auch specialisirt und
or e argent oder nur *or* oder nur *argent* dafür gesagt. Nichts
damit gemein hat Q. L. R. IV 3, 4 *pecunie* = pecora, welches
Littré irrthümlich als älteste Belegstelle für *pécune* = „Geld"
anführt. Pecunie hat in den Q. L. R. die seiner Ableitung
aus pecus entsprechende ursprüngliche Bedeutung von „Vieh".
So kommt es noch I 1, 24. 8, 17 vor.

Silva ist in den Q. L. R. I 23, 15 u. 18. IV 6, 2 mit *bois*
und II 2, 18 mit *forest* übersetzt. Es ist im Oxf. Ps. 49, 11.
73, 7 etc. mit *selve;* im Cambr. Ps. 49, 10. 79, 13 etc. ebenso
mit *selve* wiedergegeben. In gleicher Weise haben Greg.
Dial. 70, 3. 160, 18 etc. immer *selve* dafür. In den Pred.
Bernh. 530, 5 steht *booz*, ebenso Greg. Ezech. 35, 4 *bois* =
silva, im Loth. Ps. kommt *boix* und *forest* dafür vor. — Es
findet sich daher *bois* und *forest* nur in den Q. L. R. und
Loth. Ps., während in letzteren *selve* nicht vorkommt. Im
Rol. v. 3293 stehen beide Ausdrücke *selve* und *bois* nebeneinander: *Entre els nen ad ne qui ne val ne tertre, selve ne
bois.* Hier bedeutet dann wohl *selve* was *forest* in den Q.
L. R. und Loth. Ps. ausdrückt, nämlich einen „Wald". Indess steht in den Q. L. R. auch *bois* in diesem Sinne. So
ist III 5, 6 von einem bois den Liban die Rede, welches
wir gewiss nicht als ein Gehölz anzusehen haben. Den Be-

griff eines kleinen Gehölzes giebt II 24, 6 *boschage* = syl-
vestria wieder.

Urbs ist in den Q. L. R. I 27, 5 etc. immer mit *cité* übersetzt. Dasselbe findet im Oxf. und Cambr. Ps., den Pred.
Bernh., Greg. Ezech. und Loth. Ps. statt. In Greg. Dial. 19, 9
u. 23. 28, 11. 80, 1 etc. steht dafür *borc* und 124, 22 *citeit*.
Borc[1]) fehlt in den lothringischen Denkmälern. Es ist dem
normannischen Dialekte nicht fremd, kommt aber in den
drei Denkmälern nur einmal vor Q. L. R. Seite 303 Zeile 13:
cil pristrent les burgs e les citez. Ausserdem kommt noch
I 23, 12 das davon abgeleitete *burgeis* vor. Nach Burguy
bedeutet *borc* zuerst eine durch Festungswerke vertheidigte
Stadt, so finden wir es in Greg. Dial. gebraucht; dann
wurde es der Ausdruck für Stadt im allgemeinen Sinne;
heute bezeichnet es schliesslich einen Marktflecken. Das
jetzt für Stadt gebräuchliche Wort *ville* findet sich in der
Form *viles* Q. L. R. I 5, 6. 6, 18. 27, 8 III 9, 19 etc. und
Greg. Dial. 20, 21 für villa, vicus, pagus.

Adjectiva.

Abominabilis ist im Oxf. Ps. 5, 7. 13, 2. 52, 2 mit
abominable übersetzt. Im Cambr. Ps. 13, 2 steht dafür
abominables und 52, 1 *aposté*. In Greg. Dial. 24, 9 ist es
mit *escommengie* wiedergegeben: *ce ke az hommes est halte
chose, ce est escommengie chose devant Deu.* Dem analog
kommt in den normannischen Texten für abominatio und
abominare auch *abominatiun*. Cambr. Ps. 87, 8 Oxf. Ps. 87, 8 etc.
und *abominer* vor. Daneben hat der Cambr. Ps. 106, 18 *revilad*
für abominata est. In Greg. Dial. 274, 16. 275, 4 ist abominare
mit *escomengier* übersetzt. Sonst kommt in letzterem noch
121, 21 *escomengement* für sacrilegium und 164, 15 *escomen-
giez* für sacrilegus vor. Dieses escomengier ist dem normannischen Dialekte nicht fremd, wir finden einmal Cambr.

---

[1]) Im Guerre de Metz Str. 78 findet sich indess *bourch*. Ebenso
im La Mort de Garin.

Ps. 88, 40 *escuminias* für profanasti, kommt aber in der Bedeutung von abnominabilis in unseren drei Texten nicht
vor, ebensowenig wie *abominable* in Greg. Dial. In den
Pred. Bernh. findet sich neben dem Substantivum *abomi-
nation* 533, 32 auch *escuminieie* 555, 13 u. 22 = execrandus
und sacrilegus. In Greg. Ezech. und im Loth. Ps. ist *ab-
hominable* das gewöhnliche Wort für abominabilis. — *Aposté*
für abominabilis ist ἅπαξ εἰρ. im Cambr. Ps. und kommt
auch in den anderen Denkmälern nicht weiter vor.

Multus ist in den Q. L. R. II 1, 4 etc., Oxf. Ps. 31, 8 u.
13. 32, 16 etc., Cambr. Ps. 31, 7. 36, 16 etc. mit *mult* wiedergegeben. In Greg. Dial. 6, 3. 10, 22 etc. findet sich dafür
pluisor, daneben auch z. B. 116, 14. 236, 7 *mult:* In den
Pred. Bernh. 546, 22. 556, 18 etc. ist *molt*; 546, 23 *maint*; 573, 17
pluisor gebraucht. Ebenso steht in Greg. Ezech 17, 18 *moltes*;
17, 21 *maintes;* 62, 17 *plusor.* Der Loth. Ps. hat dafür *maint*
und *pluisor.* — Im Cambr. und und Oxf. Ps. ist *mult* vor
Substantiven stets als Adjectivum gebraucht, wie z. B. *multes
enves, multe vertut.* In den Q. L. R. dagegen findet man
mult en i ad d'ocis (II 1, 4) neben *mulz jurz, mulz enfanz.* —
In Greg. Dial. steht stets *mult de* oder *pluisor* z. B.: *mult de
tens, mult de vin, mult d'avoir*; *pluisors vertuz, pluisors choses,
pluisors tresors* etc. Es ist also für multus im sing. *mult de*
und im plur. *pluisor* gebraucht. In Greg. Ezech. steht wie
in Greg. Dial. *plusor* für das substantivische multi. — Sonst
ist wie in allen älteren Denkmälern mult in unseren Texten
adverbiell in der Bedeutung von „sehr“ gebraucht. Auch
bei der Bildung des Elatives findet es öfter Anwendung.
So z. B. Greg. Dial. 206, 4. 218, 5: *la mult grande* = maxima;
211, 10 *de mult benigne* = benignissimi etc. Diese Steigerung
mit *mult* zumal bei Adjectiven stammt aus der lateinischen
Umgangssprache., So sagt Plautus, Aulul. 124: multum lo-
quax; Capt 272: multum molestus; Men. 737: multum audax
(vgl. Wölfflin Comparation p. 8). — Der adjectivische Gebrauch von *mult,* wie wir ihn in den normannischen Texten
finden, kommt in Greg. Dial. und den Lothringischen Denkmälern, ausser in Greg. Ezech., nicht vor. Indess ist derselbe der frühere. Wir finden schon in der Passion: *de*

multes vises l'apelad. An Stelle des adjectivischen *mult* ist
dann erst das substantivische *mult* (*de*) getreten, und, wie
die Q. L. R. zeigen, ist im 12 Jh. beides nebeneinander gebraucht. Der Loth. Ps. zeigt weder die eine noch die andere
Anwendung von *mult*, sondern kennt nur *molt* als Adverbium.

Adverbia.

Amplius ist im Cambr. Ps. 89, 11 und Oxf. Ps. 61, 2.
87, 5. 89, 11. etc. mit *ampleis* übersetzt. Die Q. L. R. I 20, 41
IV 10, 18, 12, 7 und Greg. Dial. 199, 3 u. 7., sowie Greg. Ezech.
15, 38, 103, 26. Pred. Bernh. 535, 20 und Loth. Ps. 61, 2 etc.
haben *plus* dafür. *Ampleis* kommt in den letzten vier Denkmälern überhaupt nicht vor.

Ecce ist in den Q. L. R. I 3, 4 mit *ci sui*; 26, 22 mit *ci
est*; I 8, 9. 21, 9 II 4, 8. 13, 35 etc. mit *veez ci*; IV 2, 16 mit
vei ici; II 16, 5 III 13, 1. 18, 45 IV 2, 11 mit *este vus*; III 19,
11 mit *este le vus*; I 9, 12 mit *cha est*; I 20, 37 mit *la est*
übersetzt. Es steht dafür im Oxf. Ps. 7, 15. 10, 2 etc. *aste
tei*; 47, 4 etc. *aste vus*; 32, 18. 72, 12 *aite vus*. Im Cambr. Ps.
7, 14. 10, 2. 50, 6 etc. wird es mit *este tei*; 32, 18. 36, 36 etc.
este vus; 131, 6 *eistes vus*; cant. α, 2 *eletu* übersetzt. In
Greg. Dial. ist dafür 112, 17. 218, 2. *voi*; 254, 8 *veeiz ci*; 6, 7.
20, 9. 22, 12 etc *ellevos* gebraucht. — *Este vus* und *ellevos*
sind im Oxf. und Cambr. Ps. und Greg. Dial. die vorherr-
schenden, während die Q. L. R. wohl ebensooft *veez ci* oder
vei ci haben. Den letzteren allein angehörig ist *ci sui*, *ci
est*, *cha est* und *la est*. Erst seit dem Ende des 12 Jh. fing
man an, an Stelle von *este vus* etc. Zusammensetzungen
mit *veoir*, wie *veez ci* etc. zu setzen. Die Q. L. R. und Greg.
Dial. geben uns die Zeit an, in welcher beide Arten von
Zusammensetzungen schon nebeneinander bestehen. So
finden wir auch in den Pred. Bernh. 527, 16 *eyke vos* neben
veez ci 547, 6, ebenso in Greg. Ezech. 5, 30. 14, 12 etc. *ei
kevos*; 42, 1 *veiz ci*; im Loth. Ps. kommt aber nur noch
vez ci vor.

Iterum ist in den Q. L. R. I 20, 38 III 18, 37 und im Oxf. Ps. 70, 23 mit *de rechief* übersetzt. In Greg. Dial. 46,14. 70, 11. 215, 18 etc., den Pred. Bernh. 561, 21. 563, 18 und Greg. Ezech. 21, 23. 30, 13 etc. steht dafür *lo pares (lo parax)*. Dies letztere kommt in den drei normannischen Texten nicht vor. *De rechief* ist im wallonischen Texte 266, 19. 199, 7 für rursum gebraucht.

Invicem heisst in den Q. L. R. I 10, 11 III 6, 27. 7, 17 *l'une l'altre*. Greg. Dial. haben 66, 23 *l'une sur l'altre;* 70, 21. 88, 5 *entrechanjablement;* 103, 7 *altrienement.* Die letzten beiden Wörter sind den drei normannischen Texten fremd. Auch in den Pred. Bernh. und dem Loth. Ps. kommt nur *li uns l'atre* z. B. Pred. Bernh. 557, 12 vor, während Greg. Ezech. 46, 26. 101, 17. 46, 24 *entrechaynjablement* für vicissim, mutuo aufzuweisen haben.

Maxime ist in der Q. L. R. I 18, 5 mit *maimement;* I 21, 4 *meimemant;* I 22, 8 *meiment* übersetzt. In den Pred. Bernh. 522, 28 findet sich *maimement.* Greg. Dial. haben auch *maement,* ausserdem aber noch 63, 21. 188, 17 *pluisemes,* welches auch 229, 24 für praecipue vorkommt. Diese Superlativbildung, welche sich auch in den normannischen Texten bei gewissen Wörtern findet wie: *bonimes* Q. L. R. I 31,12; *altisme* Oxf. Ps. 9, 2; *fortisme* Cambr. Ps. 30, 2; *grandimes* Q. L. R. III 12, 11; pesme Oxf. Ps. 33, 21; *primes* Q. L. R. I 2, 5; *pruesme* Oxf. Ps. 14, 4 etc., ist in sofern den normannischen Texten fremd, als sie zum Primitivum einen Komparativ hat. Während der Komparativ *pluisor* substantivisch und adjectivisch gebraucht wird, kommt *pluisemes* in Greg. Dial. nur als Adverbium vor. Als Adjectivum und Substantivum wird es durch *li pluisor* ersetzt.

Die **Negation** ist in allen Texten durch ein blosses *ne* wiedergegeben. Es ist aber auffallend, dass von den Zusammensetzungen mit ne im Oxf. und Cambr. Ps. (vgl. Suchier, Reimpredigt S. 24), Greg. Dial., Greg. Ezech. und Pred. Bernh. *ne-rien* nie vorkommt, sondern durch *ne-nule chose* ersetzt ist; ebenso dass *ne-pas* sich in den drei lothringischen Texten gar nicht findet, sondern immer ne-mies dafür gebraucht ist. *Pas* [1]) = passus kommt im Loth. Ps. 17, 36 vor.

Semper ist in den Q. L. R. II 9, 7 etc. mit *tuz̧ jurz;* im Oxf. und Cambr. Ps. immer mit *tutes ures* und in Greg. Dial. mit *toz tens* ausgedrückt. Die lothringischen Denkmäler haben dafür *adés.* Dieses *adés* [2]) kommt in unseren normannischen Denkmälern, sowie in Greg. Dial., nicht vor.

Statim ist in den Q. L. R. I 20, 12 mit *hastivement;* I 9, 13 mit *ignelepas;* III 19, 20 etc. mit *erranment;* II 15, 10. IV 10, 2 mit *tost* wiedergegeben. Im Oxf. Ps. 69, 4 steht dafür *tost* und für seine Synonyma „confestim, cito etc." *ignelement.* Letzteres kommt auch im Cambr. Ps. häufig vor. Greg. Dial. 11, 9. 78, 19. 119, 16 etc. haben für statim vornehmlich *manés;* dann aber auch 11, 21. 19, 15 etc. *isnelement;* 15, 23. 27, 14 etc. *enhelement.* Für die Synonyma kommen *manés* und *enhelement* vor. Auch *hastivement* findet sich 128, 15 für festine und *hastius* 155, 16 und tost 182, 23 für concitus. *Erranment* [3]) findet sich allein in den Q. L. R., während *manés* [4]) den normannischen und lothringischen Texten fehlt. In Greg. Ezech. 15, 15. 53, 31 ist *apermeismes* für „statim, protinus" und 50, 16 *hisnelement* für „subito" gebraucht. In den Pred. Bernh. 561, 17. 567, 18 etc. steht *aparmenmes* für statim, protinus und continuo. Es kommt 523, 7 *hisnelement* = velociter und 540, 33 *enoytes* = repente vor. Im Loth. Ps. 69, 3 ist statim mit *tantost* übersetzt. *Aparmenmes* und *enoytes* kommt in den normannischen Texten und Greg. Dial. nicht vor. — Wie *erranment* zu der

---

[1]) ne-pas findet sich oft im Guerre de Metz, ist also im Loth ringischen nicht unerhört.

[2]) adés ist nicht als ein specifisch lothringisches Wort zu betrachten. Es kommt auch in normannischen Texten vor (Partonopeus, Conqueste de la Bretaigne 405).

[3]) Bei Beneoit. Chr. du duc de N. v. 14058 und in Vie de St. Auban findet sich errant in diesem Sinne gebraucht.

[4]) In anderen normannischen Texten kommt manés vor. So z. B. Beneoit Chr. du duc. de N. v. 1700, De Blois, Partonopeus I 55. Ebenso in dem lothringischen Denkmal Garin le Loherain in der Form menois.

Bedeutung von statim kommt, darüber giebt uns das in den
Q. L. R. III 1, 5 vorkommende Verbum *errer* Aufschluss,
welches für currere gebraucht und von iterare abzuleiten ist.

Praepositionen.

Apud ist in den Q. L. R. I 5, 7 mit *ensemble od* und
I 22, 9 (16, 18) mit *ches* wiedergegeben. In Greg. Dial.
24, 5. 26, 16 etc. steht immer *ahier* (= nfrz. arrière). *Ensemble od* findet sich auch im Oxf. und Cambr. Ps., kommt
aber ebensowenig wie *ches* in Greg. Dial. vor. Auch die
lothringischen Texte haben *ches* nicht aufzuweisen. *Ahier*
ist den normannischen Texten fremd.

Per ist in allen Texten mit *par* übersetzt. In Greg.
Dial findet sich daneben noch *parmei*, welches sich von *par*
in seiner Bedeutung nicht unterscheidet. So heisst es z. B.
9, 25: *Mais nekedent sont a la foie ki parmei lo magisteire
del espir par devenz ensi sont apris, ke* etc. 133, 5: *et si
comenzat a crieir parmei sa boche* etc. *Parmei* hat also hier
nicht die seiner Ableitung von per medium entsprechende
Bedeutung von „mitten durch", sondern heisst ganz allgemein
„durch, vermittelst". Nach Raithel, altfrz. Präpositionen,
beruht diese Bedeutung auf den Gebrauch der Präposition
parmei im räumlichen Sinne, insofern das Zustandekommen
einer Thätigkeit bedingt und abhängig gedacht wird von
dem Hindurchgehen durch den von parmi eingeführten
Begriff, welcher, obgleich eigentlich nur Durchgangsstadium,
als das bewirkende Mittel selbst aufgefasst wird. In den
Q. L. R. und Pred. Bernh. 566, 7 kommt *parmei* nur in der
Bedeutung von „mitten durch" vor (*parmei lo peril*). — In
Greg. Dial. 83, 3 kommt noch ein drittes Wort für per vor:
de par. Car quant il sont parleit de par Deu, dunkes etc.
Auch in den Q. L. R. findet sich einmal *de par: Si Deu az
genz de par la terre ne pourent encuntrester a mes ancestres*
(IV 19, 12). In Greg. Ezech. 69, 14. 97, 13 und den Pred.
Bernh. 551, 32. 552, 2 steht *de par* in der Bedeutung von a
und .de, ebenso *de part* 532, 23 = „von Seiten". Mit Recht

sieht Raithel die beiden Ausdrücke *de par* und *de part*
als zwei nebeneinanderhergehende Redewendungen an. In
unseren Texten sind *de part* und *de par* in der Bedeutung
von „im Namen, Auftrage, von Seiten etc." gebraucht,
während *de par* = „durch" nie durch *de part* ersetzt ist.

Conjunctionen.

Ergo ist in den Q. L. R. I 3, 9. 4, 4 etc. mit *idunc*;
I 5, 10. 21, 6 etc. mit *lores;* I 9, 6. 13, 9 mit *pur ço;* 24, 5
mit *a tant* wiedergegeben. Im Cambr. Ps. 2, 10. 30, 23. 77, 31
etc. steht *gieres* dafür. Auch der Oxf. Ps. 72, 13 etc. hat
gierres. In Greg. Dial. 21, 12. 22, 2 etc. ist *gieres* das üb-
lichste Wort, während auch 97, 1 *porvec* vorkommt. Die
lothringischen Texte wenden dafür *donkes* an. *Gieres,*
welches nach Suchier Zeitschrift III 149 von de hac re abzuleiten ist, ist den Q. L. R. fremd, und nur einmal findet
es sich in den lothringischen Denkmälern: Greg. Ezech.
114, 39 in der Form *giers.*

Cum ist in den Q. L. R. I 2, 27. 4, 5 etc. meist mit *cume*
übersetzt. Einige Male ist es auch mit quant wiedergegeben
(z. B. I 2, 33. 10, 1. II 3, 32). Im Cambr. Ps. 2, 12. 4, 3.
27, 2 etc. steht dafür *cume;* 67, 15 auch *dementiersque.* Im
Oxf. Ps. 2, 13. 63, 1 etc. findet sich *cume;* 27, 2 auch *demen-
tresque.* Greg. Dial. besitzen nur *quant* dafür. Es findet
sich die Form com, aber nur in Zusammensetzungen wie
alsi com und *com* c. adj. = ut oder quam. *Endementresque*
steht in Greg. Dial. 281, 22 für dum. Dem wallonischen
Texte fehlt also *cume* in der Bedeutung des lat. cum. Im
Cambr. und Oxf. Ps. kommt *quant* cant. β. 9 vor: *quant je
medesme le fis.* Die Pred. Bernh. haben bald *quant* 527, 7.
531, 26, bald *cum* 523, 13 u. 18 für cum, ebenso Greg.
Ezech. Der Loth. Ps. hat wie Greg. Dial. immer *quant*
dafür.

Verba.

Aestimare ist in den Q. L. R. I 1, 13 mit *entercier* übersetzt. Im Oxf. Ps. 87, 4, Cambr. Ps. 47, 10, Greg. Dial. 27, 9 und Loth. Ps. 72, 16 steht *aesmer* dafür. *Entercier* findet sich schon im Vie de St. Alexis, Roland etc. Seiner Ableitung aus interciare entsprechend heisst es eigentlich nach Ducange: in manum tertiam ponere oder sequestrare. Hieraus leitet sich die Bedeutung ab: repetere rem in sequestrum positam oder noch allgemeiner: repetere oder reconnaître une chose, qui nous appartient. Und an unserer Stelle ist es gleich „reconnaître im Allgemeinen" (*pur ivre l'entercad*).

Consumere ist im Cambr. Ps. 6, 7. 7, 9. 17, 38 etc. mit *deguaster* übersetzt. Im Oxf. Ps. 7, 10 und 118, 87 finden sich die Formen *seit consummede* und *consummerent* dafür. In Greg. Dial. kommt neben *deguaster* 62, 17. 74, 9 noch die Form *aloweiz* 86, 8 vor. Der Oxf. Ps. hat *deguaster* nicht aufzuweisen. Das so häufig in der Versio hebraica vorkommende consumere ist in der Vulgata mit deficere wiedergegeben, wofür dann in der französischen Uebersetzung meist *defaire* steht. Im Loth. Ps. ist 7, 9 *destruire* gebraucht, 118, 7 steht die Form *consummeit*. In Greg. Dial. kommt *consummer* nicht vor. *Aloweir* aus adlocare = „an seinen Platz bringen, an den Mann bringen" entstanden, fehlt den normannischen Texten.

Conturbare ist in den normannischen und lothringischen Uebersetzungen mit *trubler, contrubler* oder *conturber* übersertzt. In den Q. L. R. I 14, 15 ist es auch einmal mit „*esturmiz fut*" wiedergegeben: *cume ço virent ces del ost, ki devant furent partiz, forment furent esbuiz, kar tut li ost fud esturmiz.* **Esturmir** kommt sonst im Roman de Rou 8065 in der Bedeutung von „sich sammeln" vor (*d'ambes parz pople estormi*).

Deesse ist in den Q. L. R. I 21, 15. 30, 19 etc. mit *faillir*; II, 2, 30 mit *desestre* übersetzt. Auch im Oxf. Ps. 22, 1. 38, 6 und im Cambr. Ps. 22, 1. 33, 10. 38, 5 ist es mit *desestre* wiedergegeben. In Greg. Dial. 10, 3. 63, 20. 120, 1 etc.

ist deest immer mit *falit* und *defalit* übersetzt. Auch in den
Pred. Bernh. 534, 12 etc., Greg. Ezech. 23, 16. 47, 7 und im
Loth. Ps. 22, 1 etc. steht *faillir* oder *defaillir*. Die direkte
Nachbildung des lat. deesse ist Greg. Dial. wie den
lothringischen Denkmälern fremd, während *faillir* und
defaillir in allen sieben Texten vorkommen.

Dilatare ist in den Q. L. R. I 2, 1. II 22, 37 mit
eslargir übersetzt. Im Cambr. Ps. ist es wiedergegeben mit:
4, 1. 17, 37 *purluigner;* 137, 3 *eslargir;* 34, 22 *aovrir;* 80, 9
eslaisier; 118, 32 etc. mit *essampler.* Im Oxf. Ps. steht:
4, 1. 17, 40 *purluigner;* 34, 24 *aovrir;* 118, 32 *essampler.* Es
ist in Greg. Dial. 105, 7 mit *alaisier* übersetzt. — Ein Unterschied in der Bedeutung zwischen *aovrir, eslaisier* und
assamplir des Cambr. Ps. hat nicht statt. Es heisst an den
betreffenden Stellen: *aovrirent sur mei lur buche; eslaise ta
buche; assamplie est la meie buche sur mes ennemis.* Auch
eslargir und *purluigner* sind bildlich gebraucht. Das *eslaisier*
(von latus: *exlatiare) des Cambr. Ps. entspricht dem *alaisier*
der Dial. Greg. *Fssampler* kommt nur im Oxf. und Cambr.
Ps. vor. Im Loth. Ps. 4, 1. 34, 21. 80, 10 etc. ist immer
alargir oder *ovrir* angewandt.

Timere ist in den Q. L. R., Oxf. und Cambr. Ps., sowie
Greg. Dial. mit *creindre*[1] übersetzt. In den beiden lothrinig-
schen Denkmälern ist es stets mit *doubter* wiedergegeben.
In den Q. L. R. I 18, 29 kommt *duter* auch in der Bedeutung von timere vor. *Creindre* findet sich aber nicht im
Loth. Ps. Es kommt indess das Substantivum *crimor* in
den Pred. Bernh. 544, 30 und 559, 24 vor. Ebenso ist in
Greg. Ezech. 18, 9 *crimor* für terror und *criement* für timent
gebraucht.

Vocare ist in den Q. L. R. I 3, 5 u. 9 etc. mit *apeler*
übersetzt. Auch der Cambr. Ps. hat stets *apeler* dafür.
Greg. Dial. haben neben *apeler* noch *vochier* z. B. 31, 20.
32, 2 u. 3. 33, 3. Der Oxf. Ps. übersetzt zwar auch immer
vocare mif *apeler,* doch besitzt er 52, 6 auch *vocherent* für

---

[1]) Im Guerre de Metz ist für „fürchten" meist doubter gebraucht,
es findet sich indess Str. 99 auch craindre.

invocaverunt. Für das Kompositum provocare kommt im Oxf. und Cambr. Ps. *purvochier* vor. *Vochier* [1]) aber ist dem Cambr. Ps. und den Q. L. R. fremd. In den Pred. Bernh. 529, 4 etc. steht *apeler* und 570, 11 etc. *huchier*. Beide Wörter finden sich auch im Loth. Ps. und im Greg. Ezech. dafür.

Tabellarische Uebersicht der Haupt-Unterschiede im Wortschatz, welche die oben behandelten Theile der sieben Denkmäler ergeben.

Westen.			Osten.			
Oxf. Ps.	**Cambr. Ps.**	**Q. L. R.**	**Greg. Dial.**	**Gr. Ezech.**	**Pr. Bernh.**	**Loth. Ps.**
—	—	eschiele	—	essiere	—	—
—	—	huche	huige	—	—	—
—	—	chiere	—	—	—	—
—	—	vis	—	—	vis	vis
vult	vult	—	—	—	—	—
—	—	viaire	viaire	viaire	—	viaire
flum	flum	flum	—	—	—	—
—	cordes	cordes	corde	—	—	corde
—	—	chables	—	—	—	—
funel	funel	funel	fun	—	—	—
encrepe-ment	encrepe-ment	—	—	—	—	—
—	—	chemin	—	—	—	chemin
eire	eire	—	—	—	—	—
—	—	bacheler	—	—	—	—
—	—	—	bruec	—	—	—
—	—	bois	—	bois	booz	boix
—	—	forest	—	—	—	forest
selve	selve	—	selve	—	—	—
—	—	borc	borc	—	—	—
ampleis	ampleis	—	—	—	—	—
—	—	veez ci	vceiz-ci	veiz ci	veez ci	vez ci
aste vus	este vus	este vus	ellevos	eike vos	cyke vos	—
de rechief	—	de rechief	derechief	—	—	—
—	—	—	lo pares	lo parax	lo parax	—
—	—	—	entrechan-jablement	entrechan javlement	—	—

---

[1]) Vochier ist in anderen normannischen Denkmälern zu finden z. B. Alexius 73, b.

Oxf. Ps.	Cambr. Ps.	Q. L. R.	Greg. Dial.	Gr. Ezech.	Pr. Bernh.	Loth. Ps.
—	—	—	altriene-ment	—	—	—
—	—	—	pluisemes	—	—	—
—	—	ne-rien	—	—	—	ne-rien
ne-pas	ne-pas	ne-pas	ne-pas	—	—	—
—	—	—	—	adés	adés	adés
—	—	erranment	—	—	—	—
—	—	—	manés	—	—	—
—	—	ches	—	—	—	—
gieres	gierres	—	gieres	giers	—	—
—	—	entereier	—	—	—	—
—	—	esturmir	—	—	—	—
desestre	desestre	desestre	—	—	—	—
essampler	essampler	—	—	—	—	—
creindre	creindre	creindre	creindre	creindre	—	—
—	vochier	—	vochier	—	—	—

Anm. Das Zeichen — bedeutet das Fehlen des in der betreffenden Reihe stehenden Wortes in dem darüber verzeichneten Denkmal.

Aus obiger Tabelle ist ersichtlich, dass wesentliche
Unterschiede im Wortschatze der verschiedenen Dialekte
nicht vorhanden sind. — Als besonders beachtenswerth
wären hervorzuheben die allein in den normannischen
Texten vorkommenden Wörter *eire, flum, chiere, erranment;*
der alleinige Gebrauch im Lothringischen und Wallonischen
von *lo pares;* das Fehlen von *ne-pas* in den lothringischen
Texten und von *ne-rien* in Gregor's Dialogen. *Bruec* ist
nur aus dem letztereren Denkmal belegt.

Freilich ist die Zahl der von mir untersuchten Denkmäler viel zu gering, als dass die Schlüsse über das Vorkommen eines Wortes in einer Mundart als gesichert an-
gesehen werden könnte. Dazu hätte ich die gesammte
Litteratur der Mundarten heranziehen müssen. Wenn dies
nicht geschehen ist und ich mich auf einige Denkmäler be-
schränkt habe, so dürfte doch schon die Wichtigkeit dieser
Denkmäler meinen Beobachtungen einigen Werth verleihen.
Insbesondere aber glaube ich mit Sicherheit ermittelt zu
haben, dass der Wortschatz der altfranzösischen Mundarten

bis auf geringfügige Erscheinungen identisch ist und keineswegs so tiefgreifende Unterschiede aufweist, als ihre Laute und Formen.

Ich habe im Vorstehenden den Normannischen Westen mit dem Wallonisch-Lothringischen Osten verglichen, ohne auf die Unterschiede des Nordens von dem Süden einzugehen. Doch will ich nicht unerwähnt lassen, dass als dem äussersten Norden eigenthümlich von Paul Meyer das Wort *joquier* (im Glossar zu Brun de la Montaigne), als Pikardisch die Wörter *mais* (= dem nfr. mauvais) und *mairier* von Diez (Etym. W. II c) und Förster (De .Venus S. 55) konstatirt werden.

Abkürzungen.

Oxf. Ps. = Oxforder Psalter oder Libri Psalmorum versio antiqua Gallica, ed. Franciscus Michel. Oxonii 1860.

Cambr. Ps. = Cambridger Psalter oder Le Livre des Psaumes publié par. Francisque Michel. Paris 1876.

Q. L. R. = Les Quatre livres des Rois publié par Le Roux de Lincy. Paris 1841.

Greg. Dial. = Li Dialoge Gregoire lo Pape hgg. von W. Förster. Halle 1876.

Greg. Ezech. = Predigten Gregor's über Ezechiel hgg. von K. Hofmann.

Pred. Bernh. = Sermons de St. Bernard. Anhang zu den Q. L. R von Le Roux de Lincy.

Loth. Ps. = Lothringischer Psalter hgg. von Apfelstedt. Heilbronn 1881.

Bei den Q. L. R. giebt die römische Zahl das Buch, die arabischen Zahlen die Kapitel und Verse in der Vulgata an. Bei dem Oxf., Cambr. und Loth. Ps. bezeichnet die erste Zahl den betreffenden Psalm, die zweite den Vers der französischen Uebersetzung. Bei Greg. Dial., Greg. Ezech. und Pred. Bernh. bezeichnet die erste Zahl die Seite, die zweite die Reihe im französischen Text.

VITA.

Ego, Conradus Gorges, natus sum in vico, qui vocatur Kl. Sautersleben, a. d. VIII Id. Mart. MDCCCLV, patre Adolfo, matre Henrietta e gente Niber. Fidei addictus sum evangelicae. Disciplina Gymnasii Wernigerodensis perfecta, anno h. s. LXXVII inter cives Fridericae Guilelmae universitatis Berolinensis receptus sum ibique scholis interfui vir. ill. Kummer et Wangerin. Inde Genevam me contuli, ubi per tria semestra, in ordine philosophorum receptus, scholas frequentavi prof. cl. Humbert, Marc-Monnier, Ritter, Oltramare, Wartmann, Graebe. In patriam reversus Halas Saxonum petii ibique per tria semestra audivi viros illustrissimos Suchier, Heine, Haym, Kramer, Knoblauch, Kraus.

Quibus viris omnibus optime de me meritis gratias ago quam maximas.